OS SONETOS COMPLETOS

COPYRIGHT © 2005-2024 BY EDITORA LANDMARK LTDA

TODOS OS DIREITOS RESERVADOS NO BRASIL À EDITORA LANDMARK LTDA.

PRIMEIRA EDIÇÃO DE "OS SONETOS DE SHAKESPEARE - VERSÃO INTEGRAL": BERTRAND EDITORA, LISBOA, 2002.

DIRETOR EDITORIAL: FABIO PEDRO-CYRINO
APRESENTAÇÃO, TRADUÇÃO E NOTAS: VASCO GRAÇA MOURA

DIAGRAMAÇÃO E CAPA: FPC DESIGN ARQUITETURA FOTOGRAFIA
IMPRESSÃO E ACABAMENTO: GRÁFICA IMPRENSA DA FÉ

DADOS INTERNACIONAIS DE CATALOGAÇÃO NA PUBLICAÇÃO (CIP)
(CÂMARA BRASILEIRA DO LIVRO, CBL, SÃO PAULO, BRASIL)

SHAKESPEARE, WILLIAM (1564-1616).
OS SONETOS COMPLETOS / WILLIAM SHAKESPEARE; APRESENTAÇÃO, TRADUÇÃO E NOTAS DE VASCO GRAÇA MOURA -- SÃO PAULO: LANDMARK, 2014.

TÍTULO ORIGINAL DA EDIÇÃO PORTUGUESA: OS SONETOS DE SHAKESPEARE - VERSÃO INTEGRAL.
EDIÇÃO BILÍNGUE: INGLÊS / PORTUGUÊS
EDIÇÃO ESPECIAL DE LUXO

ISBN 978-85-8070-047-3
ISBN DA EDIÇÃO PORTUGUESA BERTRAND EDITORA 972-25-1251-X

1. POESIA INGLESA - TRADUÇÕES PARA O PORTUGUÊS 2. WILLIAM SHAKESPEARE, 1564-1616. SONETOS - CRÍTICA E INTERPRETAÇÃO 3. SHAKESPEARE, WILLIAM, 1564-1616. SONETOS - TRADUÇÕES PARA O PORTUGUÊS 4. SONETOS INGLESES I. MOURA, VASCO GRAÇA, 1942-2014. II. TÍTULO

14-09884   CDD: 821.3

ÍNDICES PARA CATÁLOGO SISTEMÁTICO:

1. SHAKESPEARE : SONETOS : LITERATURA INGLESA   821.3
2. SONETOS DE SHAKESPEARE : LITERATURA INGLESA   821.3

TEXTO EM INGLÊS ORIGINAL DE DOMÍNIO PÚBLICO.
RESERVADOS TODOS OS DIREITOS NO BRASIL PARA ESTA TRADUÇÃO E PRODUÇÃO.
NENHUMA PARTE DESTA OBRA PODERÁ SER REPRODUZIDA ATRAVÉS DE QUALQUER MÉTODO, NEM SER DISTRIBUÍDA E/OU ARMAZENADA EM SEU TODO OU EM PARTES ATRAVÉS DE MEIOS ELETRÔNICOS SEM PERMISSÃO EXPRESSA DA EDITORA LANDMARK LTDA, CONFORME LEI N° 9610, DE 19/02/1998

EDITORA LANDMARK
RUA ALFREDO PUJOL, 285 - 12° ANDAR - SANTANA
02017-010 - SÃO PAULO - SP
TEL.: +55 (11) 2711-2566 / 2950-9095
E-MAIL: EDITORA@EDITORALANDMARK.COM.BR
WWW.EDITORALANDMARK.COM.BR

IMPRESSO NO BRASIL
PRINTED IN BRAZIL
2024

 @EDITORALANDMARK

 @EDITORALANDMARK

 @EDITORALANDMARK

COPYRIGHT © 2023 BY EDITORA LANDMARK LTDA.

PRIMEIRA EDIÇÃO: "JOURNAL OF A VOYAGE TO BRAZIL: AND RESIDENCE THERE, DURING PART OF THE YEARS 1821, 1822, 1823".
LONGMAN, HURST, REES, ORME, BROWN, AND GREEN. LONDRES, 1824.

DIRETOR EDITORIAL: FÁBIO PEDRO-CYRINO
TRADUÇÃO E NOTAS: FÁBIO PEDRO-CYRINO
INTRODUÇÃO: EDUARDO ROMULO BUENO
REVISÃO ORTOGRÁFICA E DA TRADUÇÃO: DORIS GOETTEMS

DIAGRAMAÇÃO E CAPA: FPC DESIGN ARQUITETURA
IMPRESSÃO E ACABAMENTO: GRÁFICA VIENA

DADOS INTERNACIONAIS DE CATALOGAÇÃO NA PUBLICAÇÃO (CIP)
(CÂMARA BRASILEIRA DO LIVRO, SP, BRASIL)

GRAHAM, MARIA (1785-1842)
VIAGENS AO BRASIL : RELATO DE UMA VIAGEM AO BRASIL E OS ANOS EM QUE LÁ RESIDI DURANTE
PARTE DE 1821, 1822 E 1823, COM APONTAMENTOS COMPLEMENTARES SOBRE O SEU RETORNO AO
RIO DE JANEIRO EM 1824 / MARIA GRAHAM; [ILUSTRAÇÕES DA AUTORA] ; TRADUÇÃO FÁBIO ROGÉRIO
PEDRO CYRINO. -- SÃO PAULO : EDITORA LANDMARK, 2023.

TÍTULO ORIGINAL: JOURNAL OF A VOYAGE TO BRAZIL: AND RESIDENCE THERE, DURING PART OF
THE YEARS 1821,1822, 1823

ISBN   978-85-8070-078-7
ISBN DIGITAL   978-85-8070-079-4

1. BRASIL - HISTÓRIA - IMPÉRIO, 1822-1889 2. RELATOS DE VIAGENS I. GRAHAM, MARIA, 1785-1842
II. TÍTULO.

23-175674   CDD 981

ÍNDICES PARA CATÁLOGO SISTEMÁTICO:
1. HISTÓRIA DO BRASIL   981

ELIANE DE FREITAS LEITE - BIBLIOTECÁRIA - CRB 8/8415

TEXTOS ORIGINAIS EM INGLÊS DE DOMÍNIO PÚBLICO.
ADAPTADO À NOVA ORTOGRAFIA DA LÍNGUA PORTUGUESA DECRETO Nº 6.583, DE 29 DE SETEMBRO DE 2008.
RESERVADOS TODOS OS DIREITOS DESTA TRADUÇÃO E PRODUÇÃO À EDITORA LANDMARK LTDA.
NENHUMA PARTE DESTA OBRA PODERÁ SER REPRODUZIDA ATRAVÉS DE QUALQUER MÉTODO, NEM SER DISTRIBUÍDA E/OU
ARMAZENADA EM SEU TODO OU EM PARTES ATRAVÉS DE MEIOS ELETRÔNICOS SEM PERMISSÃO EXPRESSA DA EDITORA
LANDMARK LTDA, CONFORME LEI Nº 9610, DE 19/02/1998.

Os Sonetos Completos

William Shakespeare

Apresentação, tradução e notas
Vasco Graça Moura

Edição Bilíngue Inglês – Português

SÃO PAULO - SP - BRASIL
2024

WILLIAM SHAKESPEARE

Dramaturgo e poeta inglês, nascido em Stratford-upon-Avon, em 23 de abril de 1564, teve suas obras traduzidas e apresentadas em todas as partes do mundo, tornando-o o mais célebre dos escritores ingleses e um dos maiores escritores do mundo.

Sabe-se que já trabalhava no teatro londrino em torno de 1592, porém nada se conhece a respeito de sua educação ou profissão anteriores. Como ator e autor, trabalhou para a Companhia de lorde Chamberlain (conhecida, a partir de 1603, como Companhia Real), o grupo mais importante a ocupar, desde 1599, o Globe Theatre, em Londres, do qual era sócio. A consagração de Shakespeare deve-se a seus notáveis e complexos personagens, à dinâmica de suas peças, obtida através da alternância de cenas curtas e rápidas, e, acima de tudo, à sutil e extraordinária riqueza de seus versos brancos, que apresentam metáforas profundas e retórica elaborada, sendo suas 38 peças conhecidas, divididas em aproximadamente quatro períodos:

No primeiro, compreendido até 1594, William Shakespeare escreveu diferentes tipos de comédias, tais como "O Esforço do Amor Perdido", "A Comédia dos Erros", "Os Dois Cavaleiros de Verona" e "A Megera Domada". A abordagem da história da Inglaterra, por ele elaborada em suas obras, teve início com sua primeira tetralogia, que compreende "Henrique IV" (em três partes) e "Ricardo III". A sangrenta "Tito Andrônico" é sua primeira tragédia. Entre 1594 e 1599, permaneceu concentrando-se na criação de comédias e peças históricas. As comédias deste período – "Sonho de uma Noite de Verão", "As Alegres Comadres de Windsor", "O Mercador de Veneza", "Como Gostais" e "Muito Barulho por Nada" – são produto de sua melhor inspiração 'romântica', enquanto o domínio completo da narrativa aparece na segunda tetralogia: "Ricardo III", "Henrique IV" (em duas partes) e "Henrique V". Este período também inclui o drama histórico "A Vida e Morte de Rei João" e a tragédia sentimental "Romeu e Julieta". Em sua terceira fase, entre 1599 e 1608, Shakespeare abandonou a comédia romântica (exceto por "Noite de Reis") e a história inglesa, passando a produzir tragédias, peças de humor negro ou episódicas, como "Medida por Medida", "Tudo Está Bem Quando Termina Bem" e "Troilo e Créssida". De um modo geral, "Rei Lear", "A Tragédia de Macbeth", "A Tragédia de Hamlet, Príncipe da Dinamarca" e "Otelo, o Mouro de Veneza" são consideradas suas quatro maiores tragédias, embora um segundo grupo de 'peças romanas' se caracterize por presenças igualmente notáveis, como "Antônio e Cleópatra", "Júlio César" e "A Tragédia de Coriolano". A esta fase também pertence "Timon de Atenas", possivelmente escrita em parceria com Thomas Middleton (c.1580-1627).

Publicado em 1609, seus Sonetos foram o último trabalho publicado sem fins dramáticos. A crítica considera que os sonetos são uma profunda meditação sobre a natureza do amor, a paixão sexual, a procriação, a morte e o tempo. Os estudiosos não estão certos de quando cada um dos 154 sonetos que compõem a obra foram compostos, mas evidências sugerem que Shakespeare os escreveu durante toda sua carreira. A edição de 1609 foi dedicada a certo "Mr. W.H.", creditado como o único procriados dos poemas. Não se sabe se esta dedicatória foi escrita pelo próprio Shakespeare ou pelo seu editor Thomas Thorpe, cuja sigla aparece no pé da página da dedicação; nem se sabe quem foi Mr. W.H., apesar de inúmeras teorias terem surgido a respeito e ter inspirado um conto do escritor irlandês Oscar Wilde (1854-1900), "O Retrato do Sr. W.H.", publicado em 1889.

A fase final da produção shakespeariana, que compreende o período entre 1608 e 1613, é dominada por um novo estilo de comédia, que aborda temas como a perda e a reconciliação: "Péricles, Príncipe de Tiro", "Cimbelino", "Conto do Inverno" e "A Tempestade", conhecidas como seus últimos trabalhos românticos. Acredita-se que Shakespeare tenha colaborado, a partir de 1613, com John Fletcher (1579-1625) em "Henrique VIII" e em "Dois Nobres Parentes".

Faleceu em 23 de Abril de 1616, em sua cidade natal. Seus restos mortais foram sepultados na igreja da Santíssima Trindade em Stratford-upon-Avon. Sua morte envolve mistério ainda hoje.

Seu túmulo mostra uma estátua vibrante, em pose de literário, mais vivo do que nunca. A cada ano, na comemoração de seu nascimento, é colocada uma nova pena de ave na mão direita de sua estátua. Acredita-se que William Shakespeare temia o costume de sua época, em que provavelmente havia a necessidade de esvaziar as mais antigas sepulturas para abrir espaços à novas e, por isso, há um epitáfio na sua lápide, que anuncia a maldição de quem mover seus ossos: "Bom amigo, por Jesus, abstém-te de profanar o corpo aqui enterrado/ Bendito seja o homem que respeite estas pedras,/ e maldito o que remover meus ossos."

VASCO GRAÇA MOURA

Vasco Navarro da Graça Moura nasceu na cidade do Porto, em Portugal, em 3 de janeiro de 1942. Formou-se em Direito pela Faculdade de Direito da Universidade de Lisboa, em 1966 e iniciou uma carreira política em 1974, tendo assumido vários cargos dentro da estrutura de governo de Portugal. Em 1999, passadas mais de duas décadas de sua passagem pelo governo de Portugal, o escritor regressou à política ativa, tendo sido deputado do Parlamento Europeu até 2009. Em janeiro de 2012, Vasco Graça Moura foi nomeado para a presidência da Fundação Centro Cultural de Belém pela Secretaria de Estado da Cultura.

Sua carreira literária se iniciou em 1962, com o título Modo Mudando, a que se seguiram a que se seguiram títulos como "Semana inglesa" e "O mês de dezembro". Publicou, entre outros, "Instrumentos para a melancolia" (1980), "A sombra das figuras" (1985), "A furiosa paixão pelo tangível" (1987), "Uma carta no inverno" (1997), "Testamento de VGM" (2001), "Antologia dos sessenta anos" (2002) e "Os nossos tristes assuntos" (2006). A obra de Vasco Graça Moura, porém, é igualmente ampla reunindo ensaios, críticas, crônicas e premiadas traduções. Estreou-se no romance em 1987, com a evocação das "Quatro Últimas Canções", de Richard Strauss e regressou ao gênero anos mais tarde. Traduziu peças de Racine, Molière e de Corneille, "Alguns amores de Ronsard", "Os testamentos François Villon", "Sonetos de Shakespeare", "Rimas de Petrarca", "Vida Nova" e "Divina Comédia" de Dante. Manifestamente contrário ao Acordo Ortográfico, reuniu seus argumentos sob o título "A perspectiva do desastre", num volume publicado em 2008.

Recebeu inúmeros prêmios literários entre os quais o Prêmio Pessoa; o Prêmio Vergílio Ferreira; os prêmios de Poesia do PEN Clube Português e da Associação Portuguesa de Escritores, que também lhe atribuiu o Grande Prêmio de Romance e Novela; recebeu ainda o Prêmio de Tradução Calouste Gulbenkian, da Academia das Ciências de Lisboa, 1979; Prêmio de Poesia Cidade do Porto da Câmara Municipal do Porto, 1982; Prêmio Rodrigues Sampaio, da Associação dos Jornalistas e Homens de Letras do Porto, 1985; Prêmio Município de Lisboa e Prêmio Jacinto do Prado Coelho, da Associação Internacional dos Críticos Literários, 1986; Prêmio Município de Lisboa, 1988; Grande Prêmio de Tradução do P.E.N. Club, 1996; Prêmio Eça de Queirós da Câmara Municipal de Lisboa e Medalha de Honra do Conselho de Cascais, 1997; Grande Prêmio de Poesia da APE, 1999; e a Grã-Cruz da Ordem de Santiago de Espada, das mãos do presidente de Portugal, em 31 de janeiro de 2014.

Vasco Graça Moura faleceu em 27 de Abril de 2014, em Lisboa, Portugal.

Apresentação

A propósito dos *Sonetos* de Shakespeare, fala-se muito do carácter teatral da sua escrita. Mas creio que, talvez por isso, neles também se surpreende o funcionamento constante daquilo a que poderíamos chamar os «mecanismos da traição». Da mesma traição que tão grande papel tem nas tragédias do grande dramaturgo isabelino, entendida aqui, está bem de ver, com uma certa elasticidade conceptual. Mas vejamos: numa série de oposições inúmeras vezes retomadas, nos *Sonetos*, o tempo trai a beleza e as pompas, a velhice trai a juventude, o amigo trai o amigo, o homem trai a mulher, a mulher trai o homem, a tristeza e o desânimo traem a alegria, a decadência trai a pujança, a escassez trai a abundância, os sentimentos são traídos...

Todas essas situações de falha e de carência são regeneradas pelo estro poético, erguido contra tudo e contra todos, contra o Tempo, contra a sociedade, contra o próprio eu que anima estes poemas nos vários subciclos que integram a série. Vistas as coisas nessa perspectiva, compreende-se melhor que os *Sonetos* tenham também qualquer coisa a ver com o teatro, embora seja mais interessante considerá-los como uma espécie de diário sentimental escrito ao longo dos anos, por uma voz que, entre os maneirismos por vezes algo adocicados da época, se assume como francamente bissexual, embora até há bem pouco tempo não houvesse a coragem de se fazer publicamente essa leitura.

Esse diário ou autobiografia sentimental organiza-se em várias sequências, de que é costume destacar, entre outros, os chamados «Marriage Sonnets», os da jornada, os da traição do amigo, os do poeta rival, os de despedida, e os da «Dark Lady», com as suas subsecções relativas à partilha da amante com o amigo e ao perjúrio no amor ou à infidelidade. O leitor interessado dispõe de uma tabela bastante completa que organiza esses ciclos e em que também se conjectura a ordem de escrita das peças, na edição de J. Dover-Wilson, col. *The New Shakespeare*, da Cambridge University Press, embora hoje sejam imprescindíveis instrumentos de trabalho as edições de Stephen Booth e de Katherine Duncan-Jones (respectivamente, *Shakespeare's Sonnets*, Yale University Presse, 1977, e *Shakespeare's Sonnets*, The Arden Shakespeare, 1997, de que utilizei a reimpressão de 2001).

Não creio que seja este o lugar para abordar questões como a das vicissitudes editoriais, ou a da identidade do dedicatário, o célebre *onlie begetter*, referido por Thomas Thorpe na entrada da sua edição de 1609, interessando reter, no entanto, que os dois primeiros sonetos de Shakespeare publicados (os n.ºs 138 e 144) o foram em 1598/1599 (tinha Camões morrido havia menos de 20 anos... e, em 1598, precisamente, fora publicada a segunda edição das suas *Rimas*). Nem tão-pouco valerá a pena consignar aqui as especulações que, desde há muito, têm alimentado a investigação e mesmo a própria ficção. A questão interessa pouco ao leitor comum português, que, de resto, não dispõe de informação suficiente para segui-la.

Quanto ao conteúdo, e permitindo-me remeter o leitor para o que noutro ensejo escrevi a este respeito, creio que bastará salientar aqui que, nos *Sonetos*, toda a panóplia maneirista se encontra presente, nos adereços, como o espelho, o relógio, o instrumento musical, no sentimento da voracidade do Tempo e na sensação de efemeridade e decadência de tudo, na melancolia humoral, na falta angustiada vivida pela ausência ou distância do ser amado, na presença da morte a recortar-se, nas alusões à doença e à sepultura, no dilaceramento de raiz misógina que não impede uma relação erótica fortíssima com a *Dark Lady*, na dialéctica entre verdadeiro e falso, fidelidade e perjúrio, beleza e fealdade, nas próprias variações e transições temáticas de uns sonetos para os outros. Esses tópicos combinam-se com uma textura muito rica do real, pelas comparações e metáforas, pelas notações concretas, pelo surpreender de um gesto, de um movimento, de uma atitude, e recorrem a um vocabulário ligado constantemente à experiência da vida, seja ele de matriz legal, contratual, económica, militar,

8

arquitectónica, marítima, astronómica, mitológica, doméstica, artesanal, palaciana, etc., etc.

Esse vocabulário confere aos *Sonetos* um coeficiente de realidade na transposição do referente que os torna um caso singular na literatura europeia, talvez só comparável na eficácia e na variedade ao do Dante da *Divina Comédia*, e constitui uma das dificuldades maiores para o tradutor. Isto para não falar dos jogos de palavras, paronímias, duplos e triplos sentidos, oposições e reiterações, de que os *Sonetos* dão abundantes exemplos.

Há cerca de 25 anos, quando traduzi e publiquei, primeiro 17, e depois *50 Sonetos de Shakespeare* (1.ª ed., Porto, Editorial Inova, 1978, 2.ª ed., Lisboa, Editorial Presença, 1987), entendi que a solução estaria em adoptar um metro de doze sílabas para melhor captar o que fosse possível captar da riqueza expressiva de uma língua predominantemente monossilábica, como é o inglês. Mas com isso acentuavam-se os maneirismos e não tenho hoje a certeza de que o processo fosse o mais adequado.

Passou um quarto de século, e embora tivesse chegado a pensar em traduzir os 154 sonetos, o certo é que nunca mais lhes peguei até princípios deste ano, em que aceitei o convite que Zita Seabra me fez, em Fevereiro, para traduzir a integral, a sair na Bertrand Editora. Resolvi arriscar agora o decassílabo, mais próximo, embora não coincidente nas acentuações, do pentâmetro jâmbico shakespeareano. De notar todavia que, na série dos 154 sonetos, há um, o que leva o n.º 145, escrito em octossílabos, metro que respeitei (assim como há um soneto com 15 versos, o n.º 99, e outro com apenas 12, o n.º 126).

Espero que o risco do decassílabo não tenha prejudicado a leitura que proponho.

Bruxelas, 5 de Março de 2002
Vasco Graça Moura

Os Sonetos
de Shakespeare

1.

From fairest creatures we desire increase,
That thereby beauty's rose might never die,
But as the riper should by time decease
His tender heir might bear his memory:
But thou, contracted to thine own bright eyes,
Feed'st thy light's flame with self-substantial fuel,
Making a famine where abundance lies,
Thyself thy foe, to thy sweet self too cruel.
Thou that art now the world's fresh ornament,
And only herald to the gaudy spring,
Within thine own bud buriest thy content,
And, tender churl, mak'st waste in niggarding.
   Pity the world, or else this glutton be,
   To eat the world's due, by the grave and thee.

1.

Quer-se prole às mais belas criaturas
pra que não morra a rosa da beleza
e em fenecendo as coisas já maduras
um terno herdeiro as lembre. Mas acesa,
contrai-te a luz do teu olhar, consomes
teu ser no ser das tuas próprias chamas
e onde há abundância crias fomes,
cru imigo de ti, teu ser desamas:
tu que do mundo és fresco ornamento
que a gaia primavera arauto fez,
em teu botão te enterras a contento
e terno avaro esbanjas mesquinhez:
    Apieda-te do mundo, ou sê glutão.
    Comas tu o devido, a cova não.

2.

When forty winters shall besiege thy brow,
And dig deep trenches in thy beauty's field,
Thy youth's proud livery, so gazed on now,
Will be a tattered weed of small worth held:
Then being asked, where all thy beauty lies,
Where all the treasure of thy lusty days,
To say, within thine own deep-sunken eyes,
Were an all-eating shame and thriftless praise.
How much more praise deserved thy beauty's use
If thou couldst answer, 'This fair child of mine
Shall sum my count, and make my old excuse',
Proving his beauty by succession thine:
    This were to be new made when thou art old,
    And see thy blood warm when thou feel'st it cold.

2.

Quando quarenta invernos ao assalto
abrirem fundas valas no teu rosto,
a altiva juventude que te exalto
não valerá um trapo descomposto:
e ao perguntar-se onde era a formosura,
onde o tesouro dos teus ledos dias,
dizer que dos teus olhos na fundura
fora vergonha e loa a ninharias.
Melhor louvor merece o uso dela
se puderes dizer "nesta criança
fecho as contas que a idade me emparcela",
sendo a sua beleza a tua herança.
    Seria renovar-te o ser tardio
    e ver teu sangue quente ao ser já frio.

3.

Look in thy glass, and tell the face thou viewest
Now is the time that face should form another,
Whose fresh repair if now thou not renewest
Thou dost beguile the world, unbless some mother.
For where is she so fair whose uneared womb
Disdains the tillage of thy husbandry?
Or who is he so fond will be the tomb
Of his self-love, to stop posterity?
Thou art thy mother's glass, and she in thee
Calls back the lovely April of her prime:
So thou through windows of thine age shalt see,
Despite of wrinkles, this thy golden time.
    But if thou live remembered not to be,
    Die single, and thine image dies with thee.

3.

Vê-te ao espelho e à face que vês provas
que é tempo de outra face a tua dar,
pois és, se ora a tez fresca não renovas,
embuste ao mundo e à mãe que hás-de frustrar.
Onde a tão bela de inaudito ventre
a desdenhar de lavra assim a dois?
Ou quem a sepultar-se se concentre
no amor de si mesmo, sem depois?
Espelhas tua mãe e em ti, por ela,
da sua juventude o doce Abril:
verás, mau grado as rugas, à janela
da tua idade o oiro juvenil.
 Mas se vives lembrado de não ser,
 tua imagem contigo há-de morrer.

4.

Unthrifty loveliness, why dost thou spend
Upon thyself thy beauty's legacy?
Nature's bequest gives nothing, but doth lend,
And being frank, she lends to those are free:
Then, beauteous niggard, why dost thou abuse
The bounteous largesse given thee to give?
Profitless usurer, why dost thou use
So great a sum of sums, yet canst not live?
For having traffic with thyself alone,
Thou of thyself thy sweet self dost deceive;
Then how, when nature calls thee to be gone,
What acceptable audit canst thou leave?
   Thy unused beauty must be tombed with thee,
   Which used, lives th'executor to be.

4.

Ó estouvada graça, gastas mal
e em ti mesma a herança da beleza?
Não dá a Natureza, liberal:
a quem é livre empresta a Natureza.
Formoso avaro, então porque é que abusas
dessa largueza que te é dado dar?
Usurário sem juros, porque é que usas
essa soma das somas sem ganhar?
Pois só contigo mesmo tendo trato,
só a ti mesmo és terna decepção.
Se a Natureza põe termo ao contrato,
que contas aceitáveis ficarão?
    Sem uso a formosura a cova cava,
    mas tirar vida aos outros costumava.

5.

Those hours that with gentle work did frame
The lovely gaze where every eye doth dwell
Will play the tyrants to the very same,
And that unfair which fairly doth excel.
For never-resting time leads summer on
To hideous winter, and confounds him there,
Sap checked with frost and lusty leaves quite gone,
Beauty o'er-snowed and bareness everywhere;
Then were not summer's distillation left,
A liquid prisoner pent in walls of glass,
Beauty's effect with beauty were bereft,
Nor it, nor no remembrance what it was.
   But flowers distilled, though they with winter meet,
   Leese but their show; their substance still lives
                                [sweet.

5.

As horas que emolduram, com um brando
lavor o doce olhar em que se habita,
hão-de tiranizá-lo, desfeando
o que de sublimarem tinham dita.
O tempo sem descanso leva o verão
ao terrível inverno e os mistura:
a seiva com geada, a folha ao chão,
nudez geral e neve em formosura.
Não destilasse o verão algum proveito,
líquido prisioneiro em vidro posto,
passava co'a beleza o seu efeito:
nem ele nem lembrança de seu gosto.
   No inverno, destilada e só fragrância,
   a flor, perdida a forma, é só substância.

6.

Then let not winter's ragged hand deface
In thee thy summer, ere thou be distilled:
Make sweet some vial, treasure thou some place
With beauty's treasure, ere it be self-killed.
That use is not forbidden usury
Which happies those that pay the willing loan;
That's for thyself to breed another thee,
Or ten times happier, be it ten for one:
Ten times thyself were happier than thou art,
If ten of thine ten times refigured thee;
Then what could death do if thou shouldst depart,
Leaving thee living in posterity?
    Be not self-willed, for thou art much too fair
    To be death's conquest and make worms thine heir.

6.

Não deixes pois que a mão do inverno duro
destrua o verão em ti sem destilares:
faz doce ampola e dá lugar seguro
a teu tesouro antes de o matares.
Não é usura proibida essa
que a quem paga o que deve traz contento,
é tu nutrires o que em ti começa,
dez vezes mais feliz, se a dez por cento.
Dez vezes mais feliz tu te sentisses
se em dez de tais dez vezes te cunhasses:
pois que faria a morte se partisses,
deixando-te a viver em quem gerasses?
    Não teimes. Tens beleza demasiada
    pra conquista da morte aos vermes dada.

7.

Lo, in the Orient when the gracious light
Lifts up his burning head, each under eye
Doth homage to his new appearing sight,
Serving with looks his sacred majesty;
And having climbed the steep-up heavenly hill,
Resembling strong youth in his middle age,
Yet mortal looks adore his beauty still,
Attending on his golden pilgrimage:
But when from high-most pitch with weary car
Like feeble age he reeleth from the day,
The eyes, fore-duteous, now converted are
From his low tract, and look another way:
    So thou, thyself out-going in thy noon,
    Unlooked on diest, unless thou get a son.

7.

No Oriente, ao ver-se a delicada
luz de cabeça em fogo, sempre se há-de
dar preito à sua vista renovada,
servindo o olhar tão sacra majestade.
E ao ascender ao topo da colina
do céu na plena força juvenil,
vendo como em seu ouro peregrina,
olhos mortais adoram-lhe o perfil.
Mas quando lá no alto, fatigado
seu carro e frouxo o tempo, foge ao dia,
o olhar, antes submisso, é desviado
da sua rota e olha uma outra via.
    Se sais de ti do zénite no brilho,
    morrerás ignorado sem um filho.

8.

Music to hear, why hear'st thou music sadly?
Sweets with sweets war not, joy delights in joy;
Why lov'st thou that which thou receiv'st not gladly,
Or else receiv'st with pleasure thine annoy?
If the true concord of well-tuned sounds
By unions married, do offend thine ear,
They do but sweetly chide thee, who confounds
In singleness the parts that thou shouldst bear:
Mark how one string, sweet husband to another,
Strikes each in each by mutual ordering,
Resembling sire, and child, and happy mother,
Who all in one, one pleasing note do sing:
    Whose speechless song being many, seeming one,
    Sings this to thee: 'Thou single wilt prove none.'

8.

És música e a música ouves triste?
Doçura atrai doçura e alegria:
porque amas o que a teu prazer resiste,
ou tens prazer só na melancolia?
Se a concórdia dos sons bem afinados,
por casados, ofende o teu ouvido,
são-te branda censura, em ti calcados,
porque de ti deviam ter nascido.
Vê que uma corda a outra casa bem
e ambas se fazem mútuo ordenamento,
como marido e filho e feliz mãe
que, todos num, cantam de encantamento:
    É canção sem palavras, vária e em
    uníssono: "só não serás ninguém".

9.

Is it for fear to wet a widow's eye
That thou consum'st thyself in single life?
Ah, if thou issueless shalt hap to die,
The world will wail thee like a makeless wife;
The world will be thy widow, and still weep
That thou no form of thee hast left behind,
When every private widow well may keep,
By children's eyes, her husband's shape in mind:
Look what an unthrift in the world doth spend,
Shifts but his place, for still the world enjoys it;
But beauty's waste hath in the world an end,
And kept unused the user so destroys it:
　　No love toward others in that bosom sits
　　That on himself such murd'rous shame commits.

9.

Temes um choro de viúva e a fundo
te consomes na vida ensimesmada?
Ah, se morres sem filhos, é o mundo
a chorar qual mulher desamparada;
o mundo a enviuvar de ti e em pranto
se não deixas ninguém tendo morrido,
quando as outras viúvas têm no entanto
no olhar dos filhos forma do marido:
o que no mundo o perdulário gasta
muda de sítio, que inda o mundo o frui,
mas gasto de beleza ao fim se arrasta,
de a não usar quem pode usá-la, rui.
    Não tem amor aos mais tal desatino
    de quem assim de si é assassino.

10.

For shame deny that thou bear'st love to any,
Who for thyself art so unprovident;
Grant, if thou wilt, thou art beloved of many,
But that thou none lov'st is most evident:
For thou art so possessed with murd'rous hate
That 'gainst thyself thou stick'st not to conspire,
Seeking that beauteous roof to ruinate
Which to repair should be thy chief desire:
O change thy thought, that I may change my mind;
Shall hate be fairer lodged than gentle love?
Be as thy presence is, gracious and kind;
Or to thyself at least kind-hearted prove,
    Make thee another self for love of me,
    That beauty still may live in thine or thee.

10.

Tem pejo de negar que a ninguém amas,
tu que és para ti mesmo imprevidente.
Que muitos te amam sabes e proclamas,
mas é que ninguém amas evidente.
Pois de ódio tão mortal te eis possuído,
como se contra ti só conspirasses,
que arruínas o nobre tecto erguido
cujo restauro antes desejasses.
Deve ódio mais que amor ter tal morada?
Muda de ideias e que eu mude as minhas,
sê como a graça amável que te é dada,
mostra ao menos que nisso te acarinhas
    e por amor de mim dá-te outro eu.
    Viva a beleza em ti e no que é teu.

11.

As fast as thou shalt wane, so fast thou grow'st
In one of thine, from that which thou departest;
And that fresh blood which youngly thou bestow'st
Thou mayst call thine, when thou from youth
        [convertest;
Herein lives wisdom, beauty and increase;
Without this, folly, age and cold decay.
If all were minded so, the times should cease,
And threescore year would make the world away:
Let those whom nature hath not made for store,
Harsh, featureless and rude, barrenly perish;
Look whom she best endowed, she gave the more,
Which bounteous gift thou shouldst in bounty cherish:
  She carved thee for her seal, and meant thereby
  Thou shouldst print more, not let that copy die.

11.

Tão cedo a fenecer, tão cedo cresças
nalguém de ti, de quanto em ti se mude,
e em jovem, fresco sangue lhe ofereças
e o chames teu, ao ir-se a juventude.
Nisso há sageza, formosura, fruto,
sem isso, a decadência dos insanos,
todos assim, poria o tempo luto,
acabava-se o mundo em três vinte anos.
Os que Natura fez pra não guardar,
morram desfigurados e soezes:
foi a quem mais dotou que mais foi dar,
bondoso dom a que em bondade prezes.
    De ti fez selo assim pra te fazer
      imprimir mais, não cópia pra morrer.

12.

When I do count the clock that tells the time,
And see the brave day sunk in hideous night;
When I behold the violet past prime,
And sable curls all silvered o'er with white:
When lofty trees I see barren of leaves,
Which erst from heat did canopy the herd,
And summer's green all girded up in sheaves
Borne on the bier with white and bristly beard:
Then of thy beauty do I question make,
That thou among the wastes of time must go,
Since sweets and beauties do themselves forsake,
And die as fast as they see others grow,
    And nothing 'gainst time's scythe can make defence
    Save breed to brave him, when he takes thee hence.

12.

Se do relógio conto as badaladas
e vejo o ledo dia em noite ingrata,
se vejo as violetas estioladas
e em negras madeixas branca prata,
se vejo o arvoredo desfolhado
que ao rebanho prestava sombra franca
e o verde do verão já enfardado
na carreta, de hirsuta barba branca,
pergunto-me da tua formosura,
que o tempo há-de levar-te em seu desgaste,
e se esvaem encantos e doçura
tão cedo quanto de outros suba a haste,
   e a foice do tempo é sem defesa
    salvo filho a arrostá-la, se és a presa.

13.

O that you were yourself! But, love, you are
No longer yours, than you yourself here live;
Against this coming end you should prepare,
And your sweet semblance to some other give:
So should that beauty which you hold in lease
Find no determination; then you were
Yourself again after yourself's decease,
When your sweet issue your sweet form should bear.
Who lets so fair a house fall to decay,
Which husbandry in honour might uphold
Against the stormy gusts of winter's day
And barren rage of death's eternal cold?
    O none but unthrifts, dear my love you know:
    You had a father; let your son say so.

13.

Oh, se fosses tu mesmo! Mas assim
só te pertences quanto a vida avança.
Devias preparar-te para o fim
e dar a alguém tão doce semelhança.
E da beleza que deténs a prazo
no vencimento, então também serias
outra vez tu depois do próprio ocaso
e a branda forma em brando alguém verias.
Quem deixa arruinar tão bela casa
se tem honra viril com que a mantenha,
na borrasca invernal que tudo arrasa,
contra o gelo da morte, a estéril sanha?
    Bem sabes, caro amor, gastar a esmo...
    Tiveste um pai, teu filho diga o mesmo.

14.

Not from the stars do I my judgement pluck;
And yet, methinks, I have astronomy,
But not to tell of good or evil luck,
Of plagues, of dearths, or seasons' quality;
Nor can I fortune to brief minutes tell,
Pointing to each his thunder, rain and wind;
Or say with princes if it shall go well
By aught predict that I in heaven find;
But from thine eyes my knowledge I derive,
And, constant stars, in them I read such art
As truth and beauty shall together thrive
If from thyself, to store thou wouldst convert:
    Or else of thee this I prognosticate,
    Thy end is truth's and beauty's doom and date.

14.

Meu juízo dos astros não declina
e todavia tenho estronomia,
mas não para prever boa ou má sina,
ou pragas, fomes, estações, valia;
nem dizer da fortuna a horas instáveis,
atribuir-lhes raio, ou chuva, ou vento,
ou aos príncipes coisas favoráveis
por predições que lá no céu sustento.
Mas dos teus olhos tiro quanto sei:
astros constantes, dizem ser destarte
verdade e formosura uma só lei,
se ao que há em ti tu sabes dedicar-te.
  Senão, verdade e belo, vaticino,
  têm o teu próprio fim por seu destino.

15.

When I consider everything that grows
Holds in perfection but a little moment;
That this huge stage presenteth naught but shows
Whereon the stars in secret influence comment;
When I perceive that men as plants increase,
Cheered and checked even by the self-same sky,
Vaunt in their youthful sap, at height decrease,
And wear their brave state out of memory:
Then the conceit of this inconstant stay
Sets you, most rich in youth, before my sight,
Where wasteful time debateth with decay
To change your day of youth to sullied night:
    And all in war with time for love of you
    As he takes from you, I engraft you new.

15.

Quando penso que tudo quanto cresce
na perfeição só breve instante avulta,
que ao vasto palco só de cenas desce
lá das estrelas a influência oculta;
se vejo homens e plantas como anima
e desanima o céu e em tal pujança,
à seiva jovem, uma vez em cima,
cai o esplendor bem longe da lembrança;
a ideia então desta inconstante estada
deixa-me ver-te em glória juvenil,
e lutam tempo e queda a qual degrada
teu jovem dia numa noite vil.
    Co tempo em guerra por amor de ti,
    quanto te roube eu to enxerto aqui.

16.

But wherefore do not you a mightier way
Make war upon this bloody tyrant, time,
And fortify yourself in your decay
With means more blessed than my barren rhyme?
Now stand you on the top of happy hours,
And many maiden gardens, yet unset,
With virtuous wish would bear your living flowers,
Much liker than your painted counterfeit:
So should the lines of life that life repair,
Which this, time's pencil or my pupil pen,
Neither in inward worth nor outward fair,
Can make you live yourself in eyes of men:
 To give away yourself keeps yourself still,
 And you must live drawn by your own sweet skill.

16.

Mas porque não pões guerra mais potente
contra o Tempo em sangrenta tirania
e na queda não buscas mais valente
meio do que esta rima sem valia?
Eis-te na crista de horas venturosas
e muitos jardins virgens, em recato,
de ti desejam as flores airosas,
mais parecidas contigo que um retrato.
Devem linhas da vida dar a vida,
que isto, lápis do Tempo ou minha pena
escolar, nem no valor nem na medida
te põe em vida nesta humana cena.
    Se te dás, a ti guardas. No desenho,
    vivas tu pelo próprio e terno engenho.

17.

Who will believe my verse in time to come,
If it were filled with your most high deserts?
Though yet, heaven knows, it is but as a tomb,
Which hides your life, and shows not half your parts:
If I could write the beauty of your eyes,
And in fresh numbers number all your graces,
The age to come would say, 'This poet lies;
Such heavenly touches ne'er touched earthly faces.'
So should my papers (yellowed with their age)
Be scorned, like old men of less truth than tongue,
And your true rights be termed a poet's rage,
And stretched metre of an antique song;
 But were some child of yours alive that time,
 You should live twice: in it, and in my rhyme.

17.

Quem há-de crer meu verso no futuro
se cheio do teu mérito mais alto?
Embora o saiba o céu sepulcro obscuro
que esconde a tua vida, e em muito a salto.
Pudesse eu descrever-te o olhar ardente,
num'rar-te em frescos números as graças,
diria a idade a vir: "poeta mente,
não há notas do céu nas faces baças".
Meus papéis (já crestados) foram treta
de velhos de mais língua que razão,
e os teus direitos fúria de poeta
e metro extenso de ancestral canção.
   Mas se houver filho então que te redima,
   vives nele a dobrar e nesta rima.

18.

Shall I compare thee to a summer's day?
Thou art more lovely and more temperate:
Rough winds do shake the darling buds of May,
And summer's lease hath all too short a date:
Sometime too hot the eye of heaven shines,
And often is his gold complexion dimmed;
And every fair from fair sometime declines,
By chance, or nature's changing course, untrimmed:
But thy eternal summer shall not fade,
Nor lose possession of that fair thou ow'st,
Nor shall death brag thou wander'st in his shade
When in eternal lines to time thou grow'st:
    So long as men can breathe or eyes can see,
    So long lives this, and this gives life to thee.

18.

Que és um dia de verão não sei se diga.
És mais suave e tens mais formosura:
vento agreste botões frágeis fustiga
em Maio e um verão a prazo pouco dura.
O olho do céu vezes sem conta abrasa,
outras a tez dourada lhe escurece,
todo o belo do belo se desfasa,
por caso ou pelo curso a que obedece
da Natura; mas teu eterno verão
nem murcha, nem te tira teus pertences,
nem a morte te torna assombração
quando o tempo em eternas linhas vences:
   enquanto alguém respire ou possa ver
   e viva isto e a ti faça viver.

19.

Devouring time, blunt thou the lion's paws,
And make the earth devour her own sweet brood;
Pluck the keen teeth from the fierce tiger's jaws,
And burn the long-lived Phoenix in her blood;
Make glad and sorry seasons as thou fleet'st,
And do whate'er thou wilt, swift-footed time,
To the wide world and all her fading sweets:
But I forbid thee one most heinous crime,
O carve not with thy hours my love's fair brow,
Nor draw no lines there with thine antique pen;
Him in thy course untainted do allow
For beauty's pattern to succeeding men.
   Yet do thy worst, old Time, despite thy wrong,
   My love shall in my verse ever live young.

19.

Tempo voraz, ao leão as garras gasta,
faz que devore a terra quanto gera,
ao feroz tigre as presas desengasta
e no seu sangue a Fénix incinera.
Na fuga, às estações dá riso ou pranto,
e o que quiseres, tempo de pé alado,
ao vasto mundo e a seu fugaz encanto,
que o crime mais horrendo é-te vedado:
não graves tuas horas sobre a face
pura do meu amor, nem vás abrir
linhas de pena antiga, intacto passe,
modelo de beleza aos que hão-de vir.
    Faz o pior, ó Tempo: em verso já
    meu amor sempre novo viverá.

20.

A woman's face with nature's own hand painted
Hast thou, the master mistress of my passion;
A woman's gentle heart, but not acquainted
With shifting change, as is false women's fashion;
An eye more bright than theirs, less false in rolling,
Gilding the object whereupon it gazeth;
A man in hue, all hues in his controlling,
Which steals men's eyes and women's souls amazeth;
And for a woman wert thou first created,
Till nature as she wrought thee fell a-doting,
And by addition me of thee defeated,
By adding one thing to my purpose nothing:
    But since she pricked thee out for women's pleasure,
    Mine be thy love, and thy love's use their treasure.

20.

Feminil face que pintou Natura
tu tens que és dono e dona do meu lume:
coração de mulher, mas que não cura
do mudar que nas falsas é costume,
olhar mais claro que elas, mas sem manha,
dourando as coisas em que se puser;
tez de donzel que em tez a todos ganha,
prende olhos de homem e alma de mulher.
Primeiro de mulher tiveste alento,
depois, ao fabricar-te, a Natureza
aditou-te o que me era impedimento,
coisa que meu propósito não lesa.
    Pois se para o prazer delas te apresta,
    é meu o teu amor, delas a festa.

21.

So is it not with me as with that Muse,
Stirred by a painted beauty to his verse,
Who heaven itself for ornament doth use,
And every fair with his fair doth rehearse,
Making a couplement of proud compare
With sun and moon, with earth and sea's rich gems;
With April's first-born flowers and all things rare
That heaven's air in this huge rondure hems;
O let me true in love but truly write,
And then believe me: my love is as fair
As any mother's child, though not so bright
As those gold candles fixed in heaven's air:
    Let them say more that like of hearsay well,
    I will not praise, that purpose not to sell.

21.

Não sou como o que canta aquela musa
que só pintura o exalta no seu verso
e faz do céu retórica profusa
e o belo no seu belo quer submerso,
juntando a comparar vaidades caras,
sol, lua, ricas gemas, mar e terra,
as primícias de Abril e as coisas raras
que o ar do céu no vasto globo encerra.
Deixai-me em vero amor ser verdadeiro
e podeis crer, tão belo me é porém
como a criança à mãe, mas sem luzeiro
como essas velas de ouro que o céu tem.
    Que digam mais quanto o rumor entenda,
    por mim não louvo o que não está à venda.

22.

My glass shall not persuade me I am old
So long as youth and thou are of one date;
But when in thee time's furrows I behold,
Then look I death my days should expiate:
For all that beauty that doth cover thee
Is but the seemly raiment of my heart,
Which in thy breast doth live, as thine in me;
How can I then be elder than thou art?
O therefore love be of thyself so wary
As I not for myself, but for thee will,
Bearing thy heart, which I will keep so chary
As tender nurse her babe from faring ill:
    Presume not on thy heart when mine is slain;
    Thou gav'st me thine not to give back again.

22.

Não diga o meu espelho que envelheço,
se a juventude e tu têm igual data,
mas se os sulcos do tempo em ti conheço
então devo expiar no que me mata.
Tanta beleza te recobre e deu
tais galas a vestir meu coração,
que vive no teu peito e o teu no meu.
Mais velho do que tu serei então?
Portanto, meu amor, cuida de ti
como eu, não por mim, por ti somente
te cuido o coração, que guardo aqui
como à criança a ama diligente.
    Não contes com o teu se o meu morrer.
    Deste-me o teu e o não vou devolver.

23.

As an unperfect actor on the stage,
Who with his fear is put besides his part;
Or some fierce thing, replete with too much rage,
Whose strength's abundance weakens his own heart;
So I, for fear of trust, forget to say
The perfect ceremony of love's right,
And in mine own love's strength seem to decay,
O'ercharged with burden of mine own love's might:
O let my books be then the eloquence
And dumb presagers of my speaking breast,
Who plead for love, and look for recompense,
More than that tongue that more hath more expressed:
    O learn to read what silent love hath writ!
    To hear with eyes belongs to love's fine wit.

23.

Como imperfeito actor sobre o proscénio
com medo sai da parte que lhe dão,
ou fúria a mais nalgum mais feroz génio
sendo excessiva afrouxa o coração,
com medo da verdade até me esquece
dizer do amor o claro ritual
e a força o meu amor perder parece
co'a carga a mais do meu amor total.
Oh, deixa que em meu livro, eloquente,
fale meu peito num presságio mudo
que amor defende, espera a paga urgente,
mais que a língua que disse tudo e tudo.
    Saibas ler o silente amor escrito!
    Olhos ouvir, do amor é fino esprito.

24.

Mine eye hath played the painter, and hath steeled
Thy beauty's form in table of my heart;
My body is the frame wherein 'tis held,
And perspective it is best painter's art;
For through the painter must you see his skill,
To find where your true image pictured lies,
Which in my bosom's shop is hanging still,
That hath his windows glazed with thine eyes:
Now see what good turns eyes for eyes have done:
Mine eyes have drawn thy shape, and thine for me
Are windows to my breast, wherethrough the sun
Delights to peep, to gaze therein on thee;
   Yet eyes this cunning want to grace their art:
   They draw but what they see, know not the heart.

24.

Meu olhar foi pintor e a formosura
que é tua pôs na tábua do meu peito,
a guardá-la meu corpo é a moldura,
na perspectiva fui pintor perfeito.
Pelo pintor verás o seu engenho
e onde é pintada a tua imagem bela:
está na loja do meu seio e tenho
vidrada dos teus olhos a janela.
Que boas voltas olhos a olhos deram:
os meus traçam-te a forma e os teus a mim
são janelas do peito e reverberam
o doce sol para te olhar assim.
    Mas falta-lhes na arte engenho e graça:
    desenho à vista o coração não traça.

25.

Let those who are in favour with their stars
Of public honour and proud titles boast,
Whilst I, whom fortune of such triumph bars,
Unlooked for joy in that I honour most;
Great princes' favourites their fair leaves spread
But as the marigold at the sun's eye,
And in themselves their pride lies buried,
For at a frown they in their glory die.
The painful warrior famoused for worth,
After a thousand victories once foiled,
Is from the book of honour razed quite,
And all the rest forgot for which he toiled:
    Then happy I, that love and am beloved
    Where I may not remove, nor be removed.

25.

Deixa os que têm favor lá das estrelas
gabar-se de prosápias, honrarias.
Arreda-me a Fortuna o merecê-las,
o que mais honro guarda-me alegrias.
Favoritos de reis ostentam flores,
mas como o malmequer ao sol recolhe
em si mesmos enterram esplendores
e um sobrecenho as pompas já lhes tolhe.
O esforçado guerreiro no combate,
depois de mil vitórias, se vencido,
ao rol das honras vê o seu abate
e tudo quanto fez ser esquecido.
    Feliz de mim porque amo e sou amado
    e não tiro nem posso ser tirado.

26.

Lord of my love, to whom in vassalage
Thy merit hath my duty strongly knit:
To thee I send this written embassage,
To witness duty, not to show my wit;
Duty so great, which wit so poor as mine
May make seem bare, in wanting words to show it;
But that I hope some good conceit of thine
In thy soul's thought (all naked) will bestow it:
Till whatsoever star that guides my moving
Points on me graciously with fair aspect,
And puts apparel on my tattered loving,
To show me worthy of thy sweet respect;
    Then may I dare to boast how I do love thee;
    Till then, not show my head where thou mayst
                        [prove me.

26.

Senhor do meu amor, por vassalagem
teu mérito amarrou o meu dever;
esta embaixada escrita é da menagem
meu testemunho, e arte não faz valer.
Grande o dever, o engenho é imperfeito,
descalço e sem palavras, escassez
de que eu espero em teu alto conceito
tua alma pense e cubra essa nudez.
Até que alguma estrela que me guie,
benfazeja me olhando em doce aspeito,
os andrajos de amar-te me atavie
de modo a que eu mereça o teu respeito.
    Então de tanto amor só me envaideça,
    mas antes não verás minha cabeça.

27.

Weary with toil, I haste me to my bed,
The dear repose for limbs with travail tired;
But then begins a journey in my head
To work my mind, when body's work's expired:
For then my thoughts, from far where I abide,
Intend a zealous pilgrimage to thee,
And keep my drooping eyelids open wide,
Looking on darkness which the blind do see;
Save that my soul's imaginary sight
Presents thy shadow to my sightless view,
Which like a jewel hung in ghastly night
Makes black night beauteous, and her old face new:
    Lo, thus by day my limbs, by night my mind,
    For thee, and for myself, no quiet find.

27.

Exausto da jornada, corro à cama,
a dar aos membros uma paz tão cara,
mas na cabeça outra viagem chama,
trabalha a mente quando o corpo pára.
Meus pensamentos longe tu despertas
e até teu ser devotos peregrinam
e eis as pálpebras frouxas bem abertas
no negrume que os cegos descortinam.
Só que desta alma a vista imaginária
te mostra a sombra à vista sem visão
e, qual jóia na noite tumultuária,
com nova face brilha a escuridão.
      Assim de dia ao corpo, à noite à mente,
      nem por ti nem por mim paz se consente.

28.

How can I then return in happy plight
That am debarred the benefit of rest?
When day's oppression is not eased by night,
But day by night and night by day oppressed,
And each, though enemies to either's reign,
Do in consent shake hands to torture me,
The one by toil, the other to complain
How far I toil, still farther off from thee.
I tell the day to please him, thou art bright,
And dost him grace, when clouds do blot the
[heaven;
So flatter I the swart-complexioned night,
When sparkling stars twire not thou gild'st the even;
　　But day doth daily draw my sorrows longer,
　　And night doth nightly make grief's length seem
[stronger.

28.

Posso voltar a leda condição
sem ter descanso ao menos que me anime?
O dia oprime e vir a noite é vão,
a noite ao dia, o dia à noite oprime,
reinos adversos que em consentimento
se dão as mãos a torturar-me e basta,
um por fadiga, o outro por lamento
de mais penar que mais de ti me afasta.
Que és claro digo ao dia a ver se agrado,
que lhe dás graça indo as nuvens altas,
e à noite lisongeio o turvo estado,
que a não haver estrelas tu a esmaltas.
    Longas penas diárias traz-me o dia,
    maior pena nocturna a noite cria.

29.

When in disgrace with fortune and men's eyes
I all alone beweep my outcast state,
And trouble deaf heav'n with my bootless cries,
And look upon myself, and curse my fate,
Wishing me like to one more rich in hope,
Featured like him, like him with friends possessed,
Desiring this man's art and that man's scope,
With what I most enjoy contented least;
Yet in these thoughts myself almost despising,
Haply I think on thee, and then my state,
Like to the lark at break of day arising,
From sullen earth sings hymns at heaven's gate;
    For thy sweet love remembered such wealth brings
    That then I scorn to change my state with kings.

29.

De mal com os humanos e a Fortuna,
choro sozinho o meu banido estado.
Meu vão clamor o céu surdo importuna
e olhando para mim maldigo o fado.
A querer ser mais rico em esperança,
como outros ter amigos e talento,
invejando arte de um, doutro a pujança,
do que mais gosto menos me contento.
Se assim medito e quase me abomino,
penso feliz em ti e meus pesares
(qual cotovia em voo matutino
deixando a terra) então cantam nos ares.
Tão rico me é teu doce amor lembrado,
que nem com reis trocava o meu estado.

30.

When to the sessions of sweet silent thought
I summon up remembrance of things past,
I sigh the lack of many a thing I sought,
And with old woes new wail my dear time's waste;
Then can I drown an eye (unused to flow)
For precious friends hid in death's dateless night,
And weep afresh love's long since cancelled woe,
And moan th'expense of many a vanished sight.
Then can I grieve at grievances foregone,
And heavily from woe to woe tell o'er
The sad account of fore-bemoaned moan,
Which I new pay, as if not paid before;
    But if the while I think on thee, dear friend,
    All losses are restored, and sorrows end.

30.

Quando em meu mudo e doce pensamento
chamo à lembrança as cousas que passaram,
choro o que em vão busquei e me sustento
gastando o tempo em penas que ficaram.
E afogo os olhos (pouco afins ao pranto)
por amigos que a morte em treva esconde
e choro a dor de amar cerrada há tanto
e a visão que se foi e não responde.
E então me enlutam lutos já passados,
me falam desventura e desventura,
lamentos tristemente lamentados.
Pago o que já paguei e com usura.
    Mas basta em ti pensar, amigo, e assim
    têm cura as perdas e as tristezas fim.

31.

Thy bosom is endeared with all hearts
Which I, by lacking, have supposed dead;
And there reigns love, and all love's loving parts,
And all those friends which I thought buried.
How many a holy and obsequious tear
Hath dear religious love stol'n from mine eye,
As interest of the dead, which now appear
But things removed that hidden in thee lie:
Thou art the grave where buried love doth live,
Hung with the trophies of my lovers gone,
Who all their parts of me to thee did give;
That due of many, now is thine alone.
    Their images I loved, I view in thee,
    And thou, all they, hast all the all of me.

31.

Enriquecem teu peito os corações
que faltando-me julguei tinham morrido,
Amor lá reina e as suas proporções
e amigos que pensei tinham partido.
Quanta votiva lágrima tão santa
amor religioso me roubou
e é juro dos mortos hoje e quanta
coisa perdida em ti já se ocultou.
És cova em que o amor vive inumado,
junto aos troféus de amantes que partiram;
tinham partes de mim que a ti hão dado
e a ti quanto deviam transmitiram.
   Amei-os e os vejo em ti, de modo
   que tu (sendo eles todos) tens meu todo.

32.

If thou survive my well-contented day,
When that churl death my bones with dust shall
[cover,
And shalt by fortune once more re-survey
These poor rude lines of thy deceased lover:
Compare them with the bett'ring of the time,
And though they be outstripped by every pen,
Reserve them for my love, not for their rhyme,
Exceeded by the height of happier men.
O then vouchsafe me but this loving thought:
'Had my friend's Muse grown with this growing age,
A dearer birth than this his love had brought,
To march in ranks of better equipage:
    But since he died and poets better prove,
    Theirs for their style I'll read, his for his love.'

32.

Se ao meu dia de paz sobreviveres
com a vil morte a pôr-me pó nos ossos
e acaso uma vez mais tu percorreres
do amante morto os pobres versos grossos,
então compara-os ao que o tempo anima
e embora qualquer pena mos exceda,
guarda-os por meu amor, não pela rima,
que essa a supera em voo gente leda.
E dá-me só um doce pensamento:
"Se com a idade, a Musa dele ensejo
desse a amor de mais caro nascimento
do que este, a emparelhar melhor cortejo...
    Mas morto, se há estilos de valor,
    leio-os por isso e a ele por amor."

33.

Full many a glorious morning have I seen
Flatter the mountain tops with sovereign eye,
Kissing with golden face the meadows green,
Gilding pale streams with heavenly alchemy;
Anon permit the basest clouds to ride
With ugly rack on his celestial face,
And from the forlorn world his visage hide,
Stealing unseen to west with this disgrace:
Even so my sun one early morn did shine
With all triumphant splendour on my brow;
But out alack, he was but one hour mine,
The region cloud hath masked him from me now.
    Yet him for this, my love no whit disdaineth:
    Suns of the world may stain, when heaven's sun
                      [staineth.

33.

Muita manhã de glória vi: tocados
por seu olho real os altos cimos,
sua face dourada beijar prados,
e alquimia divina dourar limos.
Depois deixar correr nuvens ao fundo
desfigurando a face celestial,
rosto esconder ao desolado mundo,
ir sem ser visto a oeste co'esse mal.
O sol brilhou-me cedo uma manhã
com o seu esplendor em minha fronte
mas ai que só foi meu uma hora vã
e cobriram-no as nuvens no horizonte.
    Mas meu amor por isto o não desdenha:
    sóis do mundo têm manchas que o sol tenha.

34.

Why didst thou promise such a beauteous day
And make me travail forth without my cloak,
To let base clouds o'ertake me in my way,
Hiding thy brav'ry in their rotten smoke?
'Tis not enough that through the cloud thou break,
To dry the rain on my storm-beaten face,
For no man well of such a salve can speak
That heals the wound and cures not the disgrace;
Nor can thy shame give physic to my grief;
Though thou repent, yet I have still the loss;
Th'offender's sorrow lends but weak relief
To him that bears the strong offence's loss.
    Ah, but those tears are pearl which thy love sheds,
    And they are rich, and ransom all ill deeds.

34.

Porque prometes tal beleza ao dia,
e me trazes sem manto neste rumo
para encontrar vis nuvens pela via
e o teu fulgor oculto em seu vil fumo?
Não basta que tu nuvens atravesses
e seques minha face ao temporal.
Tal bálsamo, ninguém lhe vê benesses,
pois sara a chaga sem dar cura ao mal:
teu pejo não me abranda o sofrimento,
tu te arrependes mas a perda é minha,
tristeza de ofensor dá fraco alento
a quem co'a cruz da ofensa vil caminha.
    Ah, mas choro são pérolas que deitas
    do teu amor, remindo as mais desfeitas.

35.

No more be grieved at that which thou hast done;
Roses have thorns, and silver fountains mud;
Clouds and eclipses stain both moon and sun,
And loathsome canker lives in sweetest bud.
All men make faults, and even I, in this,
Authorizing thy trespass with compare,
Myself corrupting, salving thy amiss,
Excusing these sins more than these sins are:
For to thy sensual fault I bring in sense;
Thy adverse party is thy advocate,
And 'gainst myself a lawful plea commence:
Such civil war is in my love and hate
 That I an accessory needs must be
 To that sweet thief which sourly robs from me.

35.

Do que fizeste a dor não te possua:
rosas têm picos, fontes de prata lama,
nuvens e eclipses turvam sol e lua,
no mais doce botão vil verme acama.
Os homens todos erram e eu segui-os
abonando-te a falta com perdão;
corrompo-me remindo os teus desvios,
mais erro é desculpá-los do que o são.
Se à falta dos sentidos dou sentido,
a parte a ti adversa é o defensor
e contra mim o pleito é dirigido,
eis em guerra civil meu ódio e amor
    e tal que a ser um cúmplice me impele
    de quem me é ladrão doce e cruel.

36.

Let me confess that we two must be twain,
Although our undivided loves are one;
So shall those blots that do with me remain,
Without thy help, by me be borne alone.
In our two loves there is but one respect,
Though in our lives a separable spite;
Which, though it alter not love's sole effect,
Yet doth it steal sweet hours from love's delight.
I may not evermore acknowledge thee,
Lest my bewailed guilt should do thee shame,
Nor thou with public kindness honour me,
Unless thou take that honour from thy name:
    But do not so; I love thee in such sort,
    As thou being mine, mine is thy good report.

36.

Confesso sermos dois e há que apartar-nos
mas nosso amor é um, individido;
ficam comigo as nódoas a manchar-nos,
sem tua ajuda as levarei vencido.
Há nesse duplo amor um só respeito
e nas vidas pesar que nos separa,
que sem que desse amor mudasse o efeito
horas de seu prazer doces roubara.
Nem sempre poderei reconhecer-te,
nem esta triste culpa te envergonhe,
nem tu podes em público perder-te
tirando ao nome a honra com que eu sonhe.
    Mas não o faças: amor tal me consome
    que és meu e assim é meu o teu bom nome.

37.

As a decrepit father takes delight
To see his active child do deeds of youth,
So I, made lame by fortune's dearest spite,
Take all my comfort of thy worth and truth:
For whether beauty, birth, or wealth, or wit,
Or any of these all, or all, or more,
Entitled in thy parts do crowned sit,
I make my love engrafted to this store:
So then I am not lame, poor, nor despised,
Whilst that this shadow doth such substance give
That I in thy abundance am sufficed,
And by a part of all thy glory live:
 Look what is best, that best I wish in thee;
 This wish I have, then ten times happy me.

37.

Como um pai que envelhece e se compraz
em ver no filho afãs de juventude,
eu, coxo por Fortuna pertinaz,
consolo-me a olhar tua virtude.
Pois se beleza, berço, bens, ou graças,
ou qualquer deles, todos eles, mais
os mais que tens em ti, na c'roa enlaças,
enxerto o meu amor nesses sinais.
E então já não sou coxo, pobre, estranho,
pois esta sombra dá tanta substância
que nessa tua glória me sustenho
e vivo dessa parte da abundância.
    Do que é melhor, melhor que em ti desejo:
    dez vezes mais feliz então me vejo.

38.

How can my Muse want subject to invent
While thou dost breathe, that pour'st into my verse
Thine own sweet argument, too excellent
For every vulgar paper to rehearse?
O give thyself the thanks, if aught in me
Worthy perusal stand against thy sight:
For who's so dumb, that cannot write to thee,
When thou thyself dost give invention light?
Be thou the tenth Muse, ten times more in worth
Than those old nine which rhymers invocate;
And he that calls on thee, let him bring forth
Eternal numbers to outlive long date.
    If my slight Muse do please these curious days,
    The pain be mine, but thine shall be the praise.

38.

Como quero que a Musa assunto invente,
se a respirar no verso fazes vir
doce tema que sobra de excelente
para um papel vulgar o repetir?
Oh, dá graças a ti, se em mim houver
valor que te mereça a atenção,
ou quem será tão bronco que não quer
dizer de ti, se és luz dessa invenção?
Sê a décima Musa, vales dez
vezes as nove de outros rimadores
e ao que te invocar dá-lhe as marés
de eternos ritmos: viva em seus valores.
 Se a frágil Musa aos dias dá favor,
 a pena é minha e teu é o louvor.

39.

O how thy worth with manners may I sing,
When thou art all the better part of me?
What can mine own praise to mine own self bring,
And what is't but mine own, when I praise thee?
Even for this, let us divided live,
And our dear love lose name of single one,
That by this separation I may give
That due to thee which thou deserv'st alone.
O absence, what a torment wouldst thou prove,
Were it not thy sour leisure gave sweet leave
To entertain the time with thoughts of love,
Which time and thoughts so sweetly dost deceive,
    And that thou teachest how to make one twain
    By praising him here who doth hence remain.

39.

Como hei-de cantar bem o teu valor
se de mim és em tudo a melhor parte?
Que acrescenta a mim mesmo o meu louvor
e o que é que não é meu se eu for louvar-te?
Vivamos divididos sendo assim,
do nome de amor único te esqueces;
nesta separação dou-lho por mim:
é-te devido e só tu o mereces.
Ausência, provarias que tormentos
sem teu lazer amargo distraindo
o tempo em amorosos pensamentos,
o tempo e os pensamentos iludindo!
    Que eu a fazer dois de um de ti soubesse,
    louvando-o aqui em quanto permanece.

40.

Take all my loves, my love; yea, take them all;
What hast thou then more than thou hadst before?
No love, my love, that thou mayst true love call;
All mine was thine, before thou hadst this more:
Then if for my love thou my love receivest,
I cannot blame thee, for my love thou usest;
But yet be blamed, if thou thyself deceivest
By wilful taste of what thyself refusest.
I do forgive thy robb'ry, gentle thief,
Although thou steal thee all my poverty;
And yet love knows it is a greater grief
To bear love's wrong, than hate's known injury.
   Lascivious grace, in whom all ill well shows,
   Kill me with spites; yet we must not be foes.

40.

Sim, toma os meus amores, meu amor.
Toma-os a todos e que recebeste?
Nenhum amor, amor, de mais valor,
e o meu já era teu bem antes deste.
Se por amor de mim meu amor tiras,
não te censuro, então meu amor usas,
mas faço-o se te iludes em mentiras
por capricho naquilo que recusas.
Gentil ladrão, o roubo te perdoo,
embora roubes só minha penúria,
no entanto sabe amor que mais me doo
de erros de amor que de odiosa injúria.
    Graça lasciva, que és bem sendo perversa,
    mata-me de desprezo, não de adversa.

41.

Those pretty wrongs that liberty commits
When I am sometime absent from thy heart,
Thy beauty and thy years full well befits;
For still temptation follows where thou art.
Gentle thou art, and therefore to be won;
Beauteous thou art, therefore to be assailed;
And when a woman woos, what woman's son
Will sourly leave her till he have prevailed?
Ay me, but yet thou mightst my seat forbear,
And chide thy beauty and thy straying youth
Who lead thee in their riot even there
Where thou art forced to break a twofold truth:
    Hers by thy beauty tempting her to thee,
    Thine by thy beauty being false to me.

41.

Brandas maldades liberdade faz,
se estou por vezes longe do teu peito,
diz com beleza e anos, e onde estás
a tentação te segue nesse efeito.
És gentil e te assalta quem puder,
e belo és e ganham-te em disputa;
se a mulher quer, que filho de mulher
cruel a deixa, sem vencer a luta?
Ah, bem podias respeitar-me a casa
e censurar-te a juventude errante,
tumulto que te leva onde se arrasa
dupla fidelidade num instante:
    dela, porque a beleza em ti a atrai,
    tua, porque a beleza em ti me trai.

42.

That thou hast her it is not all my grief,
And yet it may be said I loved her dearly;
That she hath thee is of my wailing chief,
A loss in love that touches me more nearly.
Loving offenders, thus I will excuse ye:
Thou dost love her, because thou knowst I love her,
And for my sake even so doth she abuse me,
Suff'ring my friend for my sake to approve her;
If I lose thee, my loss is my love's gain,
And losing her, my friend hath found that loss;
Both find each other, and I lose both twain,
And both for my sake lay on me this cross:
    But here's the joy, my friend and I are one;
    Sweet flattery! Then she loves but me alone.

42.

Que a tenhas tido não lamento, posto
que a amei, pode dizer-se, caramente.
Que ela te tenha é que é o meu desgosto,
perda de amor que sinto intimamente.
Amados ofensores dou-vos escusa,
ama-la de saber que a amo assim
e ela é por meu bem que assim abusa
e ao amigo cedeu por mor de mim.
Perco-te e meu amor na perda ganha,
se a perde, meu amigo achada a tem,
encontram-se e eu perco-os e tamanha
a cruz que me dão ambos por meu bem.
   Ó ventura, ele e eu um só se chama.
   Doce lisonja, é só a mim que ela ama.

43.

When most I wink, then do mine eyes best see;
For all the day they view things unrespected,
But when I sleep, in dreams they look on thee,
And darkly bright, are bright in dark directed.
Then thou whose shadow shadows doth make bright,
How would thy shadow's form form happy show
To the clear day with thy much clearer light,
When to unseeing eyes thy shade shines so?
How would (I say) mine eyes be blessed made
By looking on thee in the living day,
When in dead night thy fair imperfect shade
Through heavy sleep on sightless eyes doth stay?
    All days are nights to see till I see thee,
    And nights bright days when dreams do show
                            [thee me.

43.

Meus olhos vêem melhor se os vou fechando.
Viram coisas de dia e foi em vão,
mas quando durmo, em sonhos te fitando,
são escura luz que luz na escuridão.
Tu cuja sombra faz a sombra clara,
como em forma de sombras assombravas
ledo o claro dia em luz mais rara,
se em sombra a olhos sem visão brilhavas!
Que bênção a meus olhos fora feita
vendo-te à viva luz do dia bem,
se tua sombra em trevas imperfeita
a olhos sem visão no sono vem!
  Vejo os dias quais noites não te vendo,
  e as noites dias claros sonhos tendo.

44.

If the dull substance of my flesh were thought,
Injurious distance should not stop my way;
For then, despite of space, I would be brought
From limits far remote, where thou dost stay;
No matter then although my foot did stand
Upon the farthest earth removed from thee,
For nimble thought can jump both sea and land
As soon as think the place where he would be.
But ah, thought kills me, that I am not thought,
To leap large lengths of miles when thou art gone,
But that so much of earth and water wrought,
I must attend time's leisure with my moan;
    Receiving naughts by elements so slow
    But heavy tears, badges of either's woe.

44.

Fosse-me a carne opaca pensamento,
a vil distância não me deteria
e de remotos longes num momento
até onde te encontras eu viria.
Nem importava que tivesse os pés
no ponto que é de ti mais afastado:
o pensamento vai de lés a lés
mal pensa no lugar a que é chamado.
Mas mata-me pensar que em mim não pensas
para saltar as milhas quando vás;
feito de terra e de água em partes densas,
espero em ânsias o que o tempo traz.
 Nem lentos elementos trazem mais
 do que choros, da nossa dor sinais.

45.

The other two, slight air, and purging fire,
Are both with thee, wherever I abide:
The first my thought, the other my desire,
These, present absent, with swift motion slide;
For when these quicker elements are gone
In tender embassy of love to thee,
My life being made of four, with two alone
Sinks down to death, oppressed with melancholy,
Until life's composition be recured
By those swift messengers returned from thee
Who even but now come back again assured
Of thy fair health, recounting it to me.
   This told, I joy; but then no longer glad,
   I send them back again and straight grow sad.

45.

Os outros dois, ar leve e puro fogo,
estão contigo onde me encontro aqui:
um pensamento, outro desejo, em jogo
presente-ausente trocam-se entre si.
Tão ágeis elementos são depois
embaixada de amor, a que te envia
minha vida de quatro, só com dois,
e cai na morte, de melancolia,
até ter nova cura de azougados
mensageiros que voltam inda agora
e regressam de ti assegurados
de que estás bem e o dizem sem demora.
 Dito isto, rejubilo, e sem mais ter
 mando-os embora e volto a entristecer.

46.

Mine eye and heart are at a mortal war
How to divide the conquest of thy sight;
Mine eye, my heart thy picture's sight would bar;
My heart, mine eye the freedom of that right;
My heart doth plead that thou in him dost lie,
A closet never pierced with crystal eyes;
But the defendant doth that plea deny,
And says in him thy fair appearance lies.
To 'cide this title is empanelled
A quest of thoughts, all tenants to the heart,
And by their verdict is determined
The clear eyes' moiety, and the dear heart's part:
    As thus, mine eyes' due is thy outward part,
    And my heart's right, thy inward love of heart.

46.

A repartir-te a vista em seu quinhão,
trago olho e coração em mortal pleito:
o olhar quer impedi-la ao coração,
o coração desdiz desse direito.
Sustenta o coração que nele estás
(a bom recato de olhos de cristal),
porém o réu contesta e diz que traz
só nele a tua imagem sem igual.
Um júri para o caso, só de fiéis
pensamentos do coração, formou-se
e por seu veredicto agora eis
de olhar e coração a parte doce:
    assim, devido ao olhar, teu exterior
    e ao coração, por dentro, o teu amor.

47.

Betwixt mine eye and heart a league is took,
And each doth good turns now unto the other;
When that mine eye is famished for a look,
Or heart in love with sighs himself doth smother,
With my love's picture then my eye doth feast,
And to the painted banquet bids my heart;
Another time mine eye is my heart's guest,
And in his thoughts of love doth share a part.
So either by thy picture or my love,
Thyself away, art present still with me:
For thou no further than my thoughts canst move,
And I am still with them, and they with thee;
    Or if they sleep, thy picture in my sight
    Awakes my heart to heart's and eye's delight.

47.

Meu olho e o coração ligam-se a par
que entre eles em boa paz estão,
se de ver-te é faminto o meu olhar
ou suspira de amor meu coração.
Co'a pintura de amor o olhar faz festa
e ao pintado banquete o outro convida,
ou, convidando-o, o coração se presta
a que o pensar de amor então divida.
E assim ou por pintura ou por amor,
se estás ausente, em mim estás presente:
não podes ir mais longe do que for
meu pensamento, e eu, e tu na mente.
　　Ou se dormem, o ver da tua imagem
　　acorda o coração e ambos reagem.

48.

How careful was I, when I took my way,
Each trifle under truest bars to thrust,
That to my use it might unused stay
From hands of falsehood, in sure wards of trust;
But thou, to whom my jewels trifles are,
Most worthy comfort, now my greatest grief,
Thou best of dearest, and mine only care,
Art left the prey of every vulgar thief.
Thee have I not locked up in any chest,
Save where thou art not, though I feel thou art,
Within the gentle closure of my breast,
From whence at pleasure thou mayst come and part;
    And even thence thou wilt be stol'n, I fear;
    For truth proves thievish for a prize so dear.

48.

Quantos cuidados tive ao pôr guardadas,
partindo, em fiel cofre bagatelas
de meu uso e a não serem usadas
por falsas mãos, com boas sentinelas!
Mas tu pra quem são jóias ninharia,
meu consolo tão grande e mor desgosto,
caro e maior cuidado, roubar-te-ia
qualquer ladrão vulgar. Não deixei posto
o fecho em cofre algum onde te estreito,
e se não estás, sabendo eu que estás,
nesta prisão tão branda do meu peito
entra e sai à vontade, se te apraz.
 Mesmo de lá te roubarão, receio;
 verdade é ladra por tão caro enleio.

49.

Against that time, if ever that time come,
When I shall see thee frown on my defects;
Whenas thy love hath cast his utmost sum,
Called to that audit by advised respects;
Against that time when thou shalt strangely pass,
And scarcely greet me with that sun, thine eye;
When love, converted from the thing it was,
Shall reasons find of settled gravity;
Against that time do I ensconce me here,
Within the knowledge of mine own desert,
And this my hand against myself uprear,
To guard the lawful reasons on thy part:
    To leave poor me, thou hast the strength of laws,
    Since why to love, I can allege no cause.

49.

Contra esse tempo (se vier um dia),
em que eu te vir romper com meus defeitos
e o teu amor gastar toda a valia,
chamado à audição por mores respeitos;
contra o tempo em que passarás estranho,
mal me saudando o sol do teu olhar,
quando o amor não for o que era antanho
e as finais razões graves encontrar;
contra esse tempo aqui me refugio,
sabendo do que eu mesmo mereci,
e ao levantar a mão me contrario
para as razões legais deixar a ti:
 para deixar-me a força tens da lei,
 mas porque amar, alego que não sei.

50.

How heavy do I journey on the way
When what I seek, my weary travel's end,
Doth teach that ease and that repose to say,
'Thus far the miles are measured from thy friend.'
The beast that bears me, tired with my woe,
Plods dully on to bear that weight in me,
As if by some instinct the wretch did know
His rider loved not speed being made from thee:
The bloody spur cannot provoke him on
That sometimes anger thrusts into his hide,
Which heavily he answers with a groan,
More sharp to me than spurring to his side,
    For that same groan doth put this in my mind:
    My grief lies onward and my joy behind.

50.

Que pesada fadiga esta em que vim,
quando o que busco (e o fim é desta errância)
é o repouso de dizer "assim
do teu amigo medes a distância".
O bicho que me traz, da dor que sinto,
ao peso dela em mim, lento tropeça,
como bruto sabendo por instinto
que seu dono não quis que fosses pressa.
A espora não consegue espicaçá-lo
de que a ira no flanco lhe vai dando
e o resfôlego e rincho do cavalo
fere-me mais do que eu acicatando-o.
   Porquanto esse gemer me trouxe à mente
   alegria lá atrás, desgosto à frente.

51.

Thus can my love excuse the slow offence
Of my dull bearer, when from thee I speed:
From where thou art, why should I haste me thence?
Till I return, of posting is no need.
O what excuse will my poor beast then find,
When swift extremity can seem but slow?
Then should I spur, though mounted on the wind;
In winged speed no motion shall I know;
Then can no horse with my desire keep pace;
Therefore desire, of perfect'st love being made,
Shall neigh no dull flesh in his fiery race,
But love, for love, thus shall excuse my jade:
    Since from thee going he went wilful slow,
    Towards thee I'll run, and give him leave to go.

51.

Perdoe amor a ofensa da ronceira
e bisonha montada, se te evito.
Porquê cedo sair da tua beira?
De pressa até voltar não necessito.
Pobre bicho, que escusa há-de encontrar
se o galope mais rápido inda é lento?
Se eu der de esporas, ventos cavalgar,
não há no curso alado movimento.
Nenhum cavalo pode ir-me à medida
do desejo que é feito amor perfeito
e rincha (não a carne) em louca brida,
mas amor ao corcel perdoa o feito.
　　Fugir de ti querendo devagar
　　para ti correrei e o deixo andar.

52.

So am I as the rich, whose blessed key
Can bring him to his sweet up-locked treasure,
The which he will not every hour survey,
For blunting the fine point of seldom pleasure;
Therefore are feasts so solemn and so rare,
Since, seldom coming, in the long year set,
Like stones of worth they thinly placed are,
Or captain jewels in the carcanet.
So is the time that keeps you as my chest,
Or as the wardrobe which the robe doth hide,
To make some special instant special blessed
By new unfolding his imprisoned pride.
   Blessed are you, whose worthiness gives scope,
   Being had, to triumph; being lacked, to hope.

52.

Sou como o rico cuja feliz chave
pode abrir seu tesouro aferrolhado,
mas que ele a toda a hora não destrave
fina ponta embotando ao prazer grado.
Também há festas tão solenes, raras,
e poucas no ano longo e afinal
como espaçadas gemas muito caras,
ou jóias de valor no peitoral.
Para guardar-te o tempo é minha arca,
ou guarda-roupa que o trajar oculta
e a instante especial dá especial marca
em que esplendor cativo logo avulta.
    Bendito no que o teu valor alcança,
    ter-te é triunfo e não te ter esperança.

53.

What is your substance, whereof are you made,
That millions of strange shadows on you tend?
Since every one hath every one, one shade,
And you, but one, can every shadow lend;
Describe Adonis, and the counterfeit
Is poorly imitated after you;
On Helen's cheek all art of beauty set
And you in Grecian tires are painted new;
Speak of the spring, and foison of the year:
The one doth shadow of your beauty show,
The other as your bounty doth appear,
And you in every blessed shape we know.
    In all external grace you have some part,
    But you like none, none you, for constant heart.

53.

Qual é a substância de que és feito
que alheias sombras aos milhões convocas?
Se cada um tem uma, uma, de jeito
que tu só uma, e em todas te colocas.
Adónis se descreva, a imitação,
imitada de ti, com sê-lo é pobre;
Dê-se às faces de Helena a cor e então
eis-te em grego atavio novo e nobre.
Diga-se primavera e ano abundante:
tua beleza nela em sombra temos
e nele como és exuberante
e em forma abençoada só te vemos.
    De toda a externa graça és integrante
    e ninguém como tu em ser constante.

54.

O how much more doth beauty beauteous seem
By that sweet ornament which truth doth give!
The rose looks fair, but fairer we it deem
For that sweet odour which doth in it live;
The canker blooms have full as deep a dye
As the perfumed tincture of the roses,
Hang on such thorns, and play as wantonly,
When summer's breath their masked buds discloses;
But for their virtue only is their show
They live unwooed, and unrespected fade,
Die to themselves. Sweet roses do not so;
Of their sweet deaths are sweetest odours made;
    And so of you, beauteous and lovely youth;
    When that shall vade, by verse distils your truth.

54.

Oh, quão mais belo o belo resplandece
por doce ornato que a verdade adita!
A rosa é bela e mais bela nos cresce
por esse brando odor que nela habita.
Botões de rosa brava em tintos vivos
das rosas têm textura perfumada,
iguais picos, iguais jogos lascivos
quando o hálito do verão os abre — e nada:
sua virtude é só formas vistosas,
ninguém as quer, ninguém as vê e fanam
e morrem sós. Já não as doces rosas:
de doce morte doce odor emanam.
 Também de ti, murchando a mocidade
 gentil, versos destilam-te a verdade.

55.

Not marble, nor the gilded monuments
Of princes, shall outlive this powerful rhyme;
But you shall shine more bright in these contents
Than unswept stone, besmeared with sluttish time.
When wasteful war shall statues overturn
And broils root out the work of masonry,
Nor Mars his sword, nor war's quick fire, shall burn
The living record of your memory:
'Gainst death, and all oblivious enmity,
Shall you pace forth; your praise shall still find room
Even in the eyes of all posterity
That wear this world out to the ending doom.
 So till the judgement that yourself arise,
 You live in this, and dwell in lovers' eyes.

55.

Nem mármor', nem doirado monumento
de reis me excede a rima poderosa
e nela hás-de brilhar mais que o relento
das pedras que o vil tempo encarde e grosa.
Se a cruel guerra tanta estátua apeia
e alvenarias na raiz degrada,
nem Marte a ferro e fogo te incendeia
tua viva memória assim guardada.
Contra a morte e o olvido omnivoraz
irás em frente e só louvor fecundo
pelos tempos dos tempos tu terás,
por toda a terra até ao fim do mundo.
 E até que em julgamento ressuscites,
 vivas aqui e olhos de amante habites.

56.

Sweet love, renew thy force; be it not said
Thy edge should blunter be than appetite,
Which but today by feeding is allayed,
Tomorrow sharpened in his former might;
So, love, be thou; although today thou fill
Thy hungry eyes even till they wink with fullness,
Tomorrow see again, and do not kill
The spirit of love with a perpetual dullness;
Let this sad interim like the ocean be
Which parts the shore, where two contracted new
Come daily to the banks, that when they see
Return of love, more blessed may be the view;
    Or call it winter, which being full of care
    Makes summer's welcome thrice more wished,
                                    [more rare.

56.

Renova a força, amor, e não se diga
que tens mais rombo fio que apetite
que a fome por um dia só mitiga
e seu gume amanhã de novo excite.
Sê assim, amor, embora hoje alimentes
o olhar faminto até que pisca cheio,
volta a ver amanhã e não violentes
o espírito de amor com longo enleio.
Seja esta triste pausa qual oceano
a terra dividindo e onde um par
vem cada dia à praia e vendo ufano
que volta amor, bendiz o que avistar.
    Ou chama a isso inverno que ansioso
    torna o verão três vezes mais precioso.

57.

Being your slave, what should I do but tend
Upon the hours and times of your desire?
I have no precious time at all to spend,
Nor services to do, till you require;
Nor dare I chide the world-without-end hour
Whilst I, my sovereign, watch the clock for you,
Nor think the bitterness of absence sour
When you have bid your servant once adieu;
Nor dare I question with my jealous thought
Where you may be, or your affairs suppose,
But like a sad slave stay and think of naught,
Save, where you are, how happy you make those.
   So true a fool is love, that in your will,
    Though you do anything, he thinks no ill.

57.

Sendo-te escravo, que farei senão
cuidar-te a tempo e horas do desejo?
Não tenho ao tempo cara ocupação,
nem, sem que o peças, de servir ensejo.
E não censuro a hora sem ter fim
em que as horas por ti, senhor, vigio,
nem penso a atroz ausência, amargo-a sim,
porque a teu servo deste um adeus frio.
Nem ouso questionar em meu ciúme
onde possas estar e o que é que fazes:
um triste escravo nada mais presume
salvo onde estás, que sorte a outrem trazes.
    Tão louco é amor que quer no teu Will
    (haja o que houver) nada pensar de vil.

58.

That god forbid, that made me first your slave,
I should in thought control your times of pleasure,
Or at your hand th'account of hours to crave,
Being your vassal bound to stay your leisure.
O let me suffer, being at your beck,
Th'imprisoned absence of your liberty,
And patience tame, to sufferance bide each check,
Without accusing you of injury.
Be where you list, your charter is so strong
That you yourself may privilege your time
To what you will; to you it doth belong
Yourself to pardon of self-doing crime.
    I am to wait, though waiting so be hell,
    Not blame your pleasure be it ill or well.

58.

Proíbe o deus que a ti me escravizou
que controle os teus tempos de prazer
e das horas te peça contas. Sou
teu vassalo sujeito ao teu querer.
Oh, deixa-me sofrer, sendo a teu mando,
cativa ausência em tua liberdade,
cada revés paciente aguentando,
sem acusar maus tratos ou maldade.
Como te apetecer. Teu foro vence.
Tens sobre o tempo tal prerrogativa
que faças o que queres, pois te pertence,
a perdoar-te acção a ti lesiva.

    E eu que espere, embora inferno doa;
    nem te censuro acção, ou má, ou boa.

59.

If there be nothing new, but that which is
Hath been before, how are our brains beguiled,
Which, labouring for invention, bear amiss
The second burden of a former child?
O that record could with a backward look
Even of five hundred courses of the sun
Show me your image in some antique book,
Since mind at first in character was done,
That I might see what the old world could say
To this composed wonder of your frame;
Whether we are mended, or whe'er better they,
Or whether revolution be the same.
   O sure I am, the wits of former days
   To subjects worse have given admiring praise.

59.

Se nada há de novo e quanto existe
existiu já, como erra o pensamento
que inventa sem razão e em dar insiste
ao que nasceu segundo nascimento!
Ah, que a memória, olhando, recuasse
do sol quinhentos cursos anuais,
e eu visse em livro antigo a tua face,
pois a mente ao princípio eram sinais,
e visse o que dizia o mundo outrora
do composto milagre que te adorna,
se eles tinham melhor, se nós agora,
ou se o ciclo do tempo sempre torna.
    E de certeza o engenho antigamente
    a pior tema deu louvor fervente.

60.

Like as the waves make towards the pebbled shore,
So do our minutes hasten to their end,
Each changing place with that which goes before,
In sequent toil all forwards do contend.
Nativity, once in the main of light,
Crawls to maturity; wherewith being crowned
Crooked eclipses 'gainst his glory fight,
And time, that gave, doth now his gift confound.
Time doth transfix the flourish set on youth,
And delves the parallels in beauty's brow;
Feeds on the rarities of nature's truth,
And nothing stands but for his scythe to mow.
 And yet to times in hope my verse shall stand,
 Praising thy worth, despite his cruel hand.

60.

Como na praia as ondas incessantes,
nossos minutos indo ao fim agitam-se,
cada um toma a vez ao que foi antes
e nesse afã prà frente precipitam-se.
Do berço, em mar de luz, vamos de rastos
até à idade adulta que nos coroa,
mas turvam essa glória eclipses nefastos
e o Tempo o que antes dera então desdoa.
O Tempo estiola a flor da mocidade,
cava em formosa fronte as paralelas,
come à Natura a vera raridade,
nada resiste a suas ceifadelas.
    Mas de esperança meus versos ficarão:
    louvam-te contra a sua cruel mão.

61.

Is it thy will thy image should keep open
My heavy eyelids to the weary night?
Dost thou desire my slumbers should be broken
While shadows like to thee do mock my sight?
Is it thy spirit that thou send'st from thee
So far from home into my deeds to pry,
To find out shames and idle hours in me,
The scope and tenor of thy jealousy?
O no, thy love, though much, is not so great;
It is my love that keeps mine eye awake,
Mine own true love that doth my rest defeat,
To play the watchman ever for thy sake.
    For thee watch I, whilst thou dost wake elsewhere,
    From me far off, with others all too near.

61.

Queres que o teu vulto me mantenha abertas
pálpebras a cair na noite grossa?
E as minhas sonolências desacertas
com sombras a lembrar-te e a fazer troça?
É teu espírito que envias, sendo
longe de casa, para me espiar,
achar vergonha e ócio em mim, e tendo
fim e teor do teu ciúme a par?
Ah, não, tens muito amor, mas não tão grande;
é meu amor que olhos abertos tem,
puro amor que o repouso me desmande
e seja sentinela por teu bem.
    Por ti vigio e longe acordar vais,
    longe de mim, de outros perto de mais.

62.

Sin of self-love possesseth all mine eye,
And all my soul, and all my every part;
And for this sin there is no remedy,
It is so grounded inward in my heart.
Methinks no face so gracious is as mine,
No shape so true, no truth of such account,
And for myself mine own worth do define
As I all other in all worths surmount.
But when my glass shows me myself indeed,
Beated and chopped with tanned antiquity,
Mine own self-love quite contrary I read;
Self, so self-loving, were iniquity;
    'Tis thee (myself) that for myself I praise,
    Painting my age with beauty of thy days.

62.

Crime de amor de mim o olhar me inquina
e a alma inteira e tudo quanto sou;
com tal crime nenhum remédio atina,
tão fundo no meu peito se arreigou.
Mais bela do que a minha não há face,
nem forma mais veraz, nem mor verdade,
defino o meu valor pra mim e dá-se
que os outros ultrapasso em qualidade.
Mas o espelho me mostra realmente
alquebrado e curtido em tempo ruim,
e o amor de mim leio contrariamente:
seria iníquo tanto amor de mim.
   A ti (que és eu) pois louvo na pintura
   da minha idade em tua formosura.

63.

Against my love shall be as I am now,
With time's injurious hand crushed and o'erworn;
When hours have drained his blood, and filled his brow
With lines and wrinkles; when his youthful morn
Hath travailed on to age's steepy night,
And all those beauties whereof now he's king
Are vanishing, or vanished out of sight,
Stealing away the treasure of his spring;
For such a time do I now fortify
Against confounding age's cruel knife,
That he shall never cut from memory
My sweet love's beauty, though my lover's life.
    His beauty shall in these black lines be seen,
    And they shall live, and he in them still green.

63.

O meu amor terá, qual tenho agora,
pela mão vil do tempo gastas cãs,
o sangue pobre, a fronte a cada hora
com mais linhas e rugas, e as manhãs
jovens indo à noite íngreme da idade,
e todas as belezas de que é rei
a esvanecer ou já sem validade,
roubado à primavera o ouro de lei.
Contra esse tempo busco a fortaleza
e contra a cruel lâmina que agrida
no meu amor memória da beleza,
embora ao meu amante leve a vida.
    Sua beleza nestas linhas cresce
    e hão-de viver e nelas reverdece.

64.

When I have seen by time's fell hand defaced
The rich proud cost of outworn buried age;
When sometime lofty towers I see down razed,
And brass eternal slave to mortal rage;
When I have seen the hungry ocean gain
Advantage on the kingdom of the shore,
And the firm soil win of the wat'ry main,
Increasing store with loss, and loss with store;
When I have seen such interchange of state,
Or state itself confounded, to decay,
Ruin hath taught me thus to ruminate:
That time will come and take my love away.
    This thought is as a death, which cannot choose
    But weep to have that which it fears to lose.

64.

De ver que a mão cruel do Tempo apaga
soberbas pompas ricas do passado
e altas torres por terra como esmaga
e o bronze eterno à fúria escravizado;
de ver o mar faminto como ganha
vantagem sobre a praia quando a enfrenta,
que a terra firme o reino ao mar apanha,
e o ganho em perda e a perda em ganho aumenta;
de ver que há entre estados tal mudança
e cada um confuso a decair,
da ruína aprendi que o Tempo avança
e meu amor com ele há-de partir.
    E esse pensar é morte e só poder
    chorar por ter o que temeu perder.

65.

Since brass, nor stone, nor earth, nor boundless sea,
But sad mortality o'er-sways their power,
How with this rage shall beauty hold a plea,
Whose action is no stronger than a flower?
O how shall summer's honey breath hold out
Against the wrackful siege of batt'ring days
When rocks impregnable are not so stout,
Nor gates of steel so strong, but time decays?
O fearful meditation! Where, alack,
Shall time's best jewel from time's chest lie hid?
Or what strong hand can hold his swift foot back,
Or who his spoil o'er beauty can forbid?
    O none, unless this miracle have might:
    That in black ink my love may still shine bright.

65.

Se ao bronze, à pedra, à terra, ao mar sem fim,
triste morte desfaz todo o valor,
como vence a beleza fúria assim
se mais força não tem do que uma flor?
O hálito de mel do verão ao saque
do assalto dos dias nesse passo
que opõe, se a alta rocha cai no ataque
e ao tempo não resistem grades de aço?
Ai cogitar!, onde é que se resguarda
da arca do Tempo a melhor jóia sua?
Que mão firme seu ágil pé retarda?
Quem proíbe que o belo ele destrua?
  Ninguém, salvo o milagre de, sem par,
  em negra tinta o meu amor brilhar.

66.

Tired with all these for restful death I cry:
As to behold desert a beggar born,
And needy nothing trimmed in jollity,
And purest faith unhappily forsworn,
And gilded honour shamefully misplaced,
And maiden virtue rudely strumpeted,
And right perfection wrongfully disgraced,
And strength by limping sway disabled,
And art made tongue-tied by authority,
And folly, doctor-like, controlling skill,
And simple truth miscalled simplicity,
And captive good attending captain ill:
    Tired with all these, from these would I be gone,
    Save that to die I leave my love alone.

66.

À morte peço a paz farto de tudo,
de ver talento a mendigar o pão,
e o oco abonitado e farfalhudo,
e a pura fé rasgada na traição,
e galas de ouro em despejados bustos,
e a virgindade à bruta rebentada,
e em justa perfeição tratos injustos,
e o valor na inépcia valer nada,
e autoridade na arte pôr mordaça,
e pedantes a engenho dando lei,
e a verdade por lorpa como passa,
e no cativo bem o mal ser rei.
    Farto disto, não deixo o meu caminho,
    pois se eu morrer, é o meu amor sozinho.

67.

Ah, wherefore with infection should he live,
And with his presence grace impiety,
That sin by him advantage should achieve,
And lace itself with his society?
Why should false painting imitate his cheek,
And steal dead seeing of his living hue?
Why should poor beauty indirectly seek
Roses of shadow, since his rose is true?
Why should he live, now nature bankrupt is,
Beggared of blood to blush through lively veins?
For she hath no exchequer now but his,
And proud of many, lives upon his gains.
    O, him she stores, to show what wealth she had
    In days long since, before these last so bad.

67.

Pois ele havia de viver infecto,
de a ímpios tal presença dar valia,
de compensar o crime ao seu aspecto
e de adornar-se em sua companhia?
Falsa pintura ia imitar-lhe a face,
roubar um ar só morto à tez inteira?
Ínvia beleza pobre procurasse
rosas de sombra, em vez da verdadeira?
Havia de viver na bancarrota
da Natura sem sangue pra animar
veias, se ele é o banco e ela esgota
faustos e vive só de ele ganhar?
    Ela o reserva pra mostrar riqueza
    de há muito, antes dos dias de pobreza.

68.

Thus is his cheek the map of days outworn,
When beauty lived and died as flowers do now,
Before these bastard signs of fair were borne,
Or durst inhabit on a living brow;
Before the golden tresses of the dead,
The right of sepulchres, were shorn away,
To live a second life on second head;
Ere beauty's dead fleece made another gay:
In him those holy antique hours are seen,
Without all ornament, itself and true,
Making no summer of another's green,
Robbing no old to dress his beauty new;
    And him as for a map doth nature store
    To show false art what beauty was of yore.

68.

Seu rosto é mapa de outros dias, quando
a beleza, qual flor de hoje, vivia
e morria, antes de irem habitando
frontes sinais do belo em bastardia;
antes de as loiras tranças das defuntas,
direito dos sepulcros, se cortarem,
para a outras cabeças serem juntas
e os velos mortos outros alegrarem:
nele, esse antigo tempo santo veio
sem ornamentos, só com a verdade,
não fazendo verão do verde alheio,
nem dando velho enfeite à mocidade.
    E Natura por mapa o arquiva agora
    pra mostrar à arte falsa o belo outrora.

69.

Those parts of thee that the world's eye doth view
Want nothing that the thought of hearts can mend;
All tongues, the voice of souls, give thee that due,
Utt'ring bare truth, even so as foes commend:
Thy outward thus with outward praise is crowned.
But those same tongues that give thee so thine own
In other accents do this praise confound,
By seeing further than the eye hath shown;
They look into the beauty of thy mind,
And that in guess they measure by thy deeds;
Then churls their thoughts (although their eyes were
[kind)
To thy fair flower add the rank smell of weeds.
   But why thy odour matcheth not thy show,
   The soil is this, that thou dost common grow.

69.

Essas partes de ti que o mundo há lido,
os corações em nada as acrescentam:
dão-te as línguas (voz de alma) o que é devido,
nua verdade, e adversos a sustentam.
Louvor de fora a forma te coroa,
mas língua que te presta o que é já teu,
noutros acentos do louvor destoa
vendo mais longe do que o olhar lhe deu.
Vê toda a formosura em tua mente
e supõe-na à medida dos teus feitos,
mas pensa vil (o que o olhar desmente)
à flor te acrescentar cheiros suspeitos.
　　Mas se o cheiro co'a forma não faz um,
　　é que em tal solo cresces em comum.

70.

That thou art blamed shall not be thy defect,
For slander's mark was ever yet the fair;
The ornament of beauty is suspect,
A crow that flies in heaven's sweetest air.
So thou be good, slander doth but approve
Thy worth the greater, being wooed of time;
For canker vice the sweetest buds doth love,
And thou present'st a pure unstained prime.
Thou hast passed by the ambush of young days,
Either not assailed, or victor, being charged;
Yet this thy praise cannot be so thy praise,
To tie up envy, evermore enlarged:
    If some suspect of ill masked not thy show
    Then thou alone kingdoms of hearts shouldst owe.

70.

Censura a ti não seja teu defeito.
Sempre a calúnia fez do belo o réu
e adorno da beleza é já suspeito,
corvo que voa no ar brando do céu.
Teu bom agir, o escândalo aplaude-o,
tanto mais valerás se o tempo louva,
o verme em botões doces acha gáudio
e és primícia sem mancha que reprova.
Escapas à emboscada de ser jovem,
não assaltado ou sendo vencedor,
mas pra amarrar invejas que se movem
não chega este louvor em teu louvor.
  Se não te mascarassem suspeições,
  só tu serias rei dos corações.

71.

No longer mourn for me when I am dead
Than you shall hear the surly sullen bell
Give warning to the world that I am fled
From this vile world, with vilest worms to dwell:
Nay, if you read this line, remember not
The hand that writ it, for I love you so
That I in your sweet thoughts would be forgot,
If thinking on me then should make you woe.
O if (I say) you look upon this verse,
When I, perhaps, compounded am with clay,
Do not so much as my poor name rehearse,
But let your love even with my life decay;
    Lest the wise world should look into your moan,
    And mock you with me after I am gone.

71.

Não chores mais por mim quando eu morrer
do que ouças sino lúgubre que diz
aviso ao mundo de que eu fui viver,
ido do mundo vil, com vermes vis.
Nem o ler deste verso te recorde
a mão que o escreveu, pois te amo tanto,
que em teu doce pensar eu não acorde
se o pensar em mim te causar pranto.
Ou se (digo eu) olhares esta linha,
quando eu já for (talvez) lama abatida,
não repitas o nome que eu já tinha
e caia o teu amor com minha vida.
    Se não o mundo ao ver-te em luto pôr
    há-de troçar de ti quando eu me for.

72.

O, lest the world should task you to recite
What merit lived in me that you should love,
After my death (dear love) forget me quite,
For you in me can nothing worthy prove;
Unless you would devise some virtuous lie
To do more for me than mine own desert,
And hang more praise upon deceased I
Than niggard truth would willingly impart;
O, lest your true love may seem false in this,
That you for love speak well of me untrue,
My name be buried where my body is,
And live no more to shame nor me, nor you:
    For I am shamed by that which I bring forth,
    And so should you, to love things nothing worth.

72.

Ah, a menos que o mundo contas peça
dos méritos que eu tinha e tu amavas,
quando eu morrer esquece-me depressa,
pois nada em mim de algum valor provavas.
A menos que descubras tu mentira
piedosa sobre meu merecimento
e, morto eu, algum louvor me adira
da mesquinha verdade sem sustento;
a menos que, mas falso, o teu amor
te leve a sem verdade dizer bem,
desça meu nome aonde o corpo for,
sem vergonha de nós e de ninguém.
    E se me dá vergonha o que me resta,
    devia dar-ta amar o que não presta.

73.

That time of year thou mayst in me behold,
When yellow leaves, or none, or few do hang
Upon those boughs which shake against the cold,
Bare ruined choirs where late the sweet birds sang;
In me thou seest the twilight of such day
As after sunset fadeth in the west,
Which by and by black night doth take away,
Death's second self that seals up all in rest;
In me thou seest the glowing of such fire
That on the ashes of his youth doth lie,
As the deathbed, whereon it must expire,
Consumed with that which it was nourished by;
   This thou perceiv'st, which makes thy love more
                        [strong,
   To love that well, which thou must leave ere long.

73.

Em mim vês a estação em que se inclina
a folhagem sem cor, já pouca, em ramos,
lá onde os frios claustros são ruína
e os pássaros tardios escutamos.
Em mim vês lusco-fusco de tal dia,
quando a oeste o sol se queda mudo
e a noite a pouco e pouco o abrevia,
segundo ser da morte a selar tudo.
Em mim vês que esse fogo bruxuleia,
cinza da juventude que caiu,
como o leito de morte em que se alheia,
onde o consome o que antes o nutriu.
　　Isto vês, para amar mais te fazer
　　amar bem o que em breve vais perder.

74.

But be contented when that fell arrest
Without all bail shall carry me away;
My life hath in this line some interest,
Which for memorial still with thee shall stay.
When thou reviewest this, thou dost review
The very part was consecrate to thee;
The earth can have but earth, which is his due,
My spirit is thine, the better part of me;
So then thou hast but lost the dregs of life,
The prey of worms, my body being dead,
The coward conquest of a wretch's knife,
Too base of thee to be remembered:
    The worth of that, is that which it contains,
    And that is this, and this with thee remains.

74.

Mas fiques bem quando o cruel aresto
venha a levar-me embora sem fiança;
eis minha vida neste verso, atesto
que há-de ficar contigo por lembrança.
Quando o releres, relerás então
a parte que a ti se ofereceu,
o pó só terá pó, é o seu quinhão,
mas o melhor de mim, minha alma, é teu.
Não mais que sarro perdes afinal,
pasto de vermes, o meu corpo inerte,
a cobarde conquista de um punhal,
tão abaixo de ti não te desperte.
    O seu valor é só o que contém
      e esse é este e este em ti se tem.

75.

So are you to my thoughts as food to life,
Or as sweet seasoned showers to the ground;
And for the peace of you I hold such strife
As 'twixt a miser and his wealth is found:
Now proud as an enjoyer, and anon
Doubting the filching age will steal his treasure;
Now counting best to be with you alone,
Then bettered that the world may see my pleasure;
Sometime all full with feasting on your sight,
And by and by clean starved for a look,
Possessing or pursuing no delight
Save what is had, or must from you be took.
  Thus do I pine and surfeit day by day,
  Or gluttoning on all, or all away.

75.

De meu pensar és vida e alimento,
como brandos chuviscos para o chão
e pela paz que me és, qual avarento
a defender seus bens, eu luto então.
Ora ledo da posse, temo o perigo
de em breve a idade o seu ouro perder,
ora conto ficar a sós contigo,
melhor, de ver-me o mundo tal prazer.
Cheio às vezes da festa de te olhar
e logo de um olhar tendo mais fome,
sem ter ou perseguir outro manjar
salvo o que vem de ti ou eu te tome.
    E jejuo e me enfarto a cada hora,
    ou de tudo glutão, ou tudo fora.

76.

Why is my verse so barren of new pride,
So far from variation or quick change?
Why with the time do I not glance aside
To new-found methods and to compounds strange?
Why write I still all one, ever the same,
And keep invention in a noted weed,
That every word almost doth tell my name,
Showing their birth, and where they did proceed?
O know, sweet love, I always write of you,
And you and love are still my argument:
So all my best is dressing old words new,
Spending again what is already spent:
    For as the sun is daily new and old,
    So is my love still telling what is told.

76.

Porque é de novo orgulho despojado
meu verso e não varia ágeis mudanças?
Porque é que hoje não olho para o lado
pra novos artifícios e usanças?
Porque escrevo sempre uma e a mesma frase
e à invenção visto a veste que já tem,
cada palavra a ser meu nome quase,
mostrando onde nasceu e do que vem?
Oh, saibas, meu amor, sempre de ti
escrevo e amor e tu são-me argumento:
velhos termos, de novos os vesti
no meu melhor, e o inventado invento.
    Porque tal como o sol é novo e antigo,
    assim de meu amor o dito digo.

77.

Thy glass will show thee how thy beauties wear,
Thy dial how thy precious minutes waste,
The vacant leaves thy mind's imprint will bear,
And of this book, this learning mayst thou taste:
The wrinkles which thy glass will truly show
Of mouthed graves will give thee memory;
Thou by thy dial's shady stealth mayst know
Time's thievish progress to eternity;
Look what thy memory cannot contain,
Commit to these waste blanks, and thou shalt find
Those children nursed, delivered from thy brain,
To take a new acquaintance of thy mind.
  These offices, so oft as thou wilt look,
  Shall profit thee, and much enrich thy book.

77.

Espelho diz-te que a beleza cessa,
relógio, que os minutos se te vão,
tens nas folhas em branco a mente impressa
e deste livro proves a lição.
O espelho há-de trazer-te cada ruga
qual cova escancarando-se à lembrança
e no quadrante vês, da sombra em fuga,
como ao eterno o Tempo a furto avança.
O que a memória não contém, aos lados
vazios destas folhas dá. Verás
os filhos do teu cérebro criados
e melhor tua mente entenderás.
  Este ofício, as vezes que o fores ler,
  te rende e te há-de o livro enriquecer.

78.

So oft have I invoked thee for my Muse,
And found such fair assistance in my verse,
As every alien pen hath got my use,
And under thee their poesy disperse.
Thine eyes, that taught the dumb on high to sing,
And heavy ignorance aloft to fly,
Have added feathers to the learned's wing,
And given grace a double majesty.
Yet be most proud of that which I compile,
Whose influence is thine, and born of thee:
In others' works thou dost but mend the style,
And arts with thy sweet graces graced be;
    But thou art all my art, and dost advance,
    As high as learning, my rude ignorance.

78.

Já tanto te invoquei por minha Musa
e ela assistiu-me tanto nos meus versos,
que a pena alheia os meus processos usa
a invocar-te em poemas seus dispersos.
Teus olhos, que dão alto canto aos mudos
e à pesada ignorância ensinam voo,
deram plumas às asas com estudos
e à graça a majestade duplicou.
Mas tenhas mais vaidade se compilo
tua influência, que é de ti nascida:
a obra alheia só dás melhor estilo
e a graça em graças de arte é-te bebida.
     És minha arte e o não-saber que tenho
     me elevas à altura de alto engenho.

79.

Whilst I alone did call upon thy aid
My verse alone had all thy gentle grace;
But now my gracious numbers are decayed,
And my sick Muse doth give another place.
I grant, sweet love, thy lovely argument
Deserves the travail of a worthier pen;
Yet what of thee thy poet doth invent
He robs thee of, and pays it thee again;
He lends thee virtue, and he stole that word
From thy behaviour; beauty doth he give,
And found it in thy cheek; he can afford
No praise to thee, but what in thee doth live:
    Then thank him not for that which he doth say,
    Since what he owes thee, thou thyself dost pay.

79.

Quando só eu pedia a tua ajuda
só em meu verso tinhas gentil graça,
mas cai meu grácil ritmo e ora muda
e minha Musa enferma a outra passa.
Juro, meu doce amor, teu argumento
merece o trabalhar de melhor pena,
mas o que em teu poeta é teu alento,
a ti o rouba e a ti depois o drena.
Empresta-te virtude, mas roubou
a palavra a teus actos, formosura
que dá, viu-ta na face, e não te achou
maior louvor do que o que em ti perdura.
    Não lhe agradeças pois o que ele escreve,
    já que és tu a pagar o que ele deve.

80.

O how I faint when I of you do write,
Knowing a better spirit doth use your name,
And in the praise thereof spends all his might,
To make me tongue-tied speaking of your fame.
But since your worth, wide as the ocean is,
The humble as the proudest sail doth bear,
My saucy bark, inferior far to his,
On your broad main doth wilfully appear.
Your shallowest help will hold me up afloat,
Whilst he upon your soundless deep doth ride;
Or, being wracked, I am a worthless boat,
He of tall building, and of goodly pride.
　　Then if he thrive, and I be cast away,
　　The worst was this: my love was my decay.

80.

Eis que de ti escrevo e desfaleço,
sabendo que um melhor usa teu nome
e gasta o seu poder a dar-lhe apreço
e para te dar fama a língua atou-me.
Porém se o teu valor é vasto oceano
e nele cabe vela altiva ou breve,
meu bote temerário, a menos pano,
no teu largo domínio já se atreve.
Tua ajuda nos baixos me flutua,
enquanto ele cavalga águas sem sonda,
ou, naufragando, eu sou magra falua,
ele nau sobranceira, alta e redonda.
    E se ele prosperar e eu for banido,
    o pior foi minha perda amor ter sido.

81.

Or I shall live, your epitaph to make;
Or you survive, when I in earth am rotten;
From hence your memory death cannot take,
Although in me each part will be forgotten.
Your name from hence immortal life shall have,
Though I, once gone, to all the world must die;
The earth can yield me but a common grave,
When you entombed in men's eyes shall lie.
Your monument shall be my gentle verse,
Which eyes not yet created shall o'er-read,
And tongues to be your being shall rehearse,
When all the breathers of this world are dead.
   You still shall live, such virtue hath my pen,
   Where breath most breathes, even in the mouths
                                   [of men.

81.

Ou pra fazer-te o epitáfio vivo,
ou vives mais e a terra me apodrece.
Tua memória a morte deste arquivo
não tira, mas de mim o resto esquece.
Aqui terá teu nome imortal gala,
indo eu, hei-de ficar do mundo oculto,
só pode dar-me a terra comum vala,
no olhar dos homens tu serás sepulto.
Meus versos monumento te serão
que hão-de ler e reler olhos a vir
e as línguas a haver repetirão
o que és, quando já ninguém respire.
    Viverás, que da pena a força mana,
    onde o sopro mais sopra, em boca humana.

82.

I grant thou wert not married to my Muse,
And therefore mayst without attaint o'erlook
The dedicated words which writers use
Of their fair subject, blessing every book.
Thou art as fair in knowledge as in hue,
Finding thy worth a limit past my praise,
And therefore art enforced to seek anew
Some fresher stamp of the time-bettering days,
And do so love; yet when they have devised
What strained touches rhetoric can lend,
Thou, truly fair, wert truly sympathized
In true plain words, by thy true-telling friend;
    And their gross painting might be better used
    Where cheeks need blood; in thee it is abused.

82.

Sei que não desposaste a minha Musa
e podes ler assim sem que te doa
o que autores dedicam, como se usa,
a nobre tema e os livros abençoa.
Tão belo no saber como na tez,
põe teu valor limite a meu louvor,
e assim forçado a procurar te vês
mais fresca estampa em dias de esplendor.
Pois seja, amor, mas quando outro consiga
retóricos retoques, te assevero
tu, belo e vero, só verdade amiga
no verbo vero tens de amigo vero.
    E a seu pintar grosseiro melhor uso
    se dê em face exangue — em ti é abuso.

83.

I never saw that you did painting need,
And therefore to your fair no painting set;
I found (or thought I found) you did exceed
The barren tender of a poet's debt;
And therefore have I slept in your report,
That you yourself, being extant, well might show
How far a modern quill doth come too short,
Speaking of worth, what worth in you doth grow.
This silence for my sin you did impute,
Which shall be most my glory, being dumb;
For I impair not beauty, being mute,
When others would give life, and bring a tomb.
 There lives more life in one of your fair eyes
 Than both your poets can in praise devise.

83.

Nunca vi precisasses de pintura
e assim não te pus tintas na beleza,
achei-te (ou cri que achava) mais altura
para o que dá poeta em singeleza.
E dormi sobre o que és, para que bem
se visse, porque existes, como desce
um aparo moderno e fica aquém,
falando de valor, do que em ti cresce.
Tomaste esse silêncio por meu crime,
mas terei, mudo, glória mais subida,
nem a beleza o ser calado oprime,
que outros são tumba achando que dão vida.
   Um só dos olhos teus mais vida anima
   que teus dois vates em louvor e rima.

84.

Who is it that says most? Which can say more,
Than this rich praise: that you alone are you,
In whose confine immured is the store
Which should example where your equal grew?
Lean penury within that pen doth dwell
That to his subject lends not some small glory;
But he that writes of you, if he can tell
That you are you, so dignifies his story.
Let him but copy what in you is writ,
Not making worse what nature made so clear,
And such a counterpart shall fame his wit,
Making his style admired everywhere.
    You to your beauteous blessings add a curse,
    Being fond on praise, which makes your praises
                                [worse.

84.

Quem é que diz o mais e que mais pode
dizer o mor louvor que és tu somente?
Confinas as reservas donde acode
exemplo a quem te iguale, a quem o tente.
Magra penúria nessa pena habita
que a seu tema não dê pequena glória,
mas quem diga de ti, se tem tal dita,
que tu és tu, exalta a sua história.
Deixa-o só copiar o que está escrito
em ti, sem piorar o que tão claro
Natura fez, e fama ao seu esprito
e apreço em toda a parte a estilo raro.
    A belas bênçãos juntas maldição,
      amar louvor torna o louvor mais vão.

85.

My tongue-tied Muse in manners holds her still,
While comments of your praise richly compiled
Reserve your character with golden quill,
And precious phrase by all the Muses filed;
I think good thoughts, whilst other write good words,
And like unlettered clerk still cry 'Amen'
To every hymn that able spirit affords
In polished form of well-refined pen.
Hearing you praised, I say,' 'Tis so,'tis true',
And to the most of praise add something more;
But that is in my thought, whose love to you
(Though words come hindmost) holds his rank before;
   Then others for the breath of words respect,
   Me for my dumb thoughts, speaking in effect.

85.

De língua atada minha Musa cala,
enquanto ricamente te comentam
em letra e pena de ouro e tanta gala
de frases por que as Musas te acrescentam.
Eu penso bem quando outros bem escrevem
e como o iletrado digo Amém
aos hinos que os mais aptos elevem,
se a pena fina e o polimento têm.
E ouvindo-te louvar digo "é verdade"
e junto alguma coisa a tais descantes,
mas isso é só mental, meu amor há-de
(vêm depois as palavras) ficar antes.
   O sopro das palavras noutros sente
   e em mim, mudo pensar eloquente.

86.

Was it the proud full sail of his great verse,
Bound for the prize of all-too-precious you,
That did my ripe thoughts in my brain in-hearse,
Making their tomb the womb wherein they grew?
Was it his spirit, by spirits taught to write
Above a mortal pitch, that struck me dead?
No, neither he, nor his compeers by night,
Giving him aid, my verse astonished.
He, nor that affable familiar ghost
Which nightly gulls him with intelligence,
As victors of my silence cannot boast;
I was not sick of any fear from thence.
    But when your countenance filled up his line,
    Then lacked I matter, that enfeebled mine.

86.

É nele a vela inchada do estro ao vento
que a ti, prémio de preço, se aventura
e em meu cérebro enterra o pensamento
maduro e faz tal ventre sepultura?
É espírito a aprender de outros que canta
acima dos mortais e me liquida?
Não, nem ele, nem tendo à noite tanta
ajuda dos comparsas, me intimida.
Nem ele, nem afável, familiar
fantasma a dar-lhe à noite quanto espia,
vitória a meu silêncio hão-de gabar,
nem eu por medo disso adoecia.
    Mas quando de teu porte lhe enches linhas,
    mais frouxas, sem matéria, são as minhas.

87.

Farewell, thou art too dear for my possessing,
And like enough thou knowst thy estimate;
The charter of thy worth gives thee releasing;
My bonds in thee are all determinate.
For how do I hold thee but by thy granting,
And for that riches where is my deserving?
The cause of this fair gift in me is wanting,
And so my patent back again is swerving.
Thyself thou gav'st, thy own worth then not knowing,
Or me, to whom thou gav'st it, else mistaking;
So thy great gift upon misprision growing
Comes home again, on better judgement making.
   Thus have I had thee as a dream doth flatter,
   In sleep a king, but waking no such matter.

87.

Adeus! caro de mais te possuía,
sabes a estimativa em que te trazem;
carta de teu valor dá-te franquia,
meus vínculos a ti já se desfazem.
Como reter-te sem consentimento
e onde mereço essa riqueza grada?
Falece a causa em mim de tal provento
e a patente que tenho é revogada.
Deste-te, sem saber do teu valor,
ou quanto a mim, a quem o deste, errando,
e a dádiva que em base errada for
volta a casa, melhor se ponderando.
    Tive-te assim qual sonho de embalar,
    um rei no sono e nada ao acordar.

88.

When thou shalt be disposed to set me light
And place my merit in the eye of scorn,
Upon thy side, against myself, I'll fight,
And prove thee virtuous, though thou art forsworn:
With mine own weakness being best acquainted,
Upon thy part I can set down a story
Of faults concealed, wherein I am attainted,
That thou, in losing me, shall win much glory;
And I by this will be a gainer too,
For bending all my loving thoughts on thee,
The injuries that to myself I do,
Doing thee vantage, double vantage me:
    Such is my love, to thee I so belong,
    That for thy right myself will bear all wrong.

88.

Se me dás ao descaso, de maneira
que a teu desdém meu mérito se mude,
lutarei contra mim à tua beira
e em teu perjúrio provarei virtude.
E por melhor meus fracos conhecer,
a teu respeito contarei a história
das faltas que há ocultas em meu ser,
e se me perdes, ganhas mais em glória.
Serei também eu nisso ganhador,
pois concentrado em ti, o amor põe cobro
a ofensas que me faz a minha dor
e se vantagem tens, a tenho em dobro.
    Tanto é o meu amor, tanto sou teu,
    que pelo teu direito, o torto é meu.

89.

Say that thou didst forsake me for some fault,
And I will comment upon that offence;
Speak of my lameness, and I straight will halt,
Against thy reasons making no defence.
Thou canst not, love, disgrace me half so ill,
To set a form upon desired change,
As I'll myself disgrace, knowing thy will;
I will acquaintance strangle and look strange,
Be absent from thy walks, and in my tongue
Thy sweet beloved name no more shall dwell,
Lest I, too much profane, should do it wrong,
And haply of our old acquaintance tell.
    For thee, against myself I'll vow debate;
    For I must ne'er love him whom thou dost hate.

89.

Diz que é por erros meus que tu me deixas
e eu que te ofendi hei-de dizer;
diz-me aleijado e pararei, sem queixas,
sem de tuas razões me defender.
Não podes desgraçar-me, amor, metade,
querendo na mudança outro desenho,
do que eu farei, se for tua vontade;
estrangulando o conhecer-te, estranho,
saio do teu caminho e não prossiga
nesta boca o teu doce nome amado,
a menos que, profano, acaso eu diga,
por erro, que nos vimos no passado.
    Por ti, contra mim luto sem quartel,
      porque não posso amar a quem tens fel.

90.

Then hate me when thou wilt, if ever, now,
Now, while the world is bent my deeds to cross,
Join with the spite of fortune, make me bow,
And do not drop in for an after-loss.
Ah, do not, when my heart hath 'scaped this sorrow,
Come in the rearward of a conquered woe;
Give not a windy night a rainy morrow,
To linger out a purposed overthrow.
If thou wilt leave me, do not leave me last,
When other petty griefs have done their spite;
But in the onset come, so shall I taste
At first the very worst of fortune's might;
 And other strains of woe, which now seem woe,
 Compared with loss of thee, will not seem so.

90.

Se tens de me odiar, que seja agora,
agora que censuram os meus actos,
co'a Fortuna escarnece e vai-te embora
e verga-me e não voltes a maus tratos.
Nem venhas, quando escapo ao sofrimento,
à retaguarda de uma dor vencida,
ou dar manhã de chuva a noite ao vento,
para agravar o intento da surtida.
Se me deixas, não vás por derradeiro,
quando injúria menor me desprezou,
vem à frente, que assim provo primeiro
da Fortuna o pior que ela forçou.
　　E outras formas de dor, que dor ser soem,
　　ao pé de eu te perder já não me doem.

91.

Some glory in their birth, some in their skill,
Some in their wealth, some in their bodies' force,
Some in their garments, though new-fangled ill,
Some in their hawks and hounds, some in their horse,
And every humour hath his adjunct pleasure,
Wherein it finds a joy above the rest;
But these particulars are not my measure;
All these I better in one general best.
Thy love is better than high birth to me,
Richer than wealth, prouder than garments' cost,
Of more delight than hawks or horses be;
And having thee, of all men's pride I boast —
    Wretched in this alone, that thou mayst take
    All this away, and me most wretched make.

91.

A uns dá glória o berço, a uns talento,
a uns riqueza, a uns força alentada,
a uns o seu trajar com espavento,
a uns galgos e falcões, a uns montada...
Com cada humor o seu prazer resida
que uma alegria sobre o resto exprima,
mas tais casos não são minha medida,
ponho o melhor de tudo muito acima.
Val' mais o teu amor que altos brasões,
mais rico é que a riqueza, tem mais preço
que adornos, ou cavalos, ou falcões,
e de ter-te, por todos me envaideço.
   Triste só de pensar que um dia vais
   tirar-me tudo e entristecer-me mais.

92.

But do thy worst to steal thyself away;
For term of life thou art assured mine,
And life no longer than thy love will stay,
For it depends upon that love of thine.
Then need I not to fear the worst of wrongs,
When in the least of them my life hath end;
I see a better state to me belongs
Than that which on thy humour doth depend.
Thou canst not vex me with inconstant mind,
Since that my life on thy revolt doth lie.
O what a happy title do I find,
Happy to have thy love, happy to die!
    But what's so blessed fair that fears no blot?
    Thou mayst be false, and yet I know it not.

92.

Mas faças o pior para furtar-te,
és ao termo da vida o que me prende;
vida sem teu amor não dura e parte,
pois desse amor que é teu ela depende.
Não hei-de então temer o pior mal
se em mal menor a vida já termina,
e melhor condição tenho afinal
que aquela que com teu humor declina.
Não me vexas de espírito inconstante,
é-me a vida teu próprio ir e volver
e encontro feliz título bastante,
feliz do teu amor, feliz morrer!
   Bendita perfeição sem mancha ter!
   Podes ser falso e eu não o saber.

93.

So shall I live, supposing thou art true,
Like a deceived husband; so love's face
May still seem love to me, though altered new,
Thy looks with me, thy heart in other place;
For there can live no hatred in thine eye,
Therefore in that I cannot know thy change.
In many's looks, the false heart's history
Is writ in moods and frowns and wrinkles strange;
But heaven in thy creation did decree
That in thy face sweet love should ever dwell;
Whate'er thy thoughts or thy heart's workings be,
Thy looks should nothing thence but sweetness tell.
    How like Eve's apple doth thy beauty grow,
    If thy sweet virtue answer not thy show.

93.

Assim vivo, a supor que me és fiel,
qual marido enganado, e me parece
face de amor amor, bem que revel:
o olhar comigo, o coração se esquece.
Mas não tens ódio em teu olhar e eu não
posso saber tuas mudanças, fugas.
Noutros se escreve o falso coração
com expressões, franzir, estranhas rugas.
Mas o céu ao criar-te decretou
que sempre doce amor te habite a face,
qual seja ao coração e à mente o voo
não diga o teu olhar, mas doce passe.
   Qual maçã de Eva cresce-te a beleza,
   se à virtude a imagem não for presa.

94.

They that have power to hurt, and will do none,
That do not do the thing they most do show,
Who, moving others, are themselves as stone,
Unmoved, cold, and to temptation slow:
They rightly do inherit heaven's graces,
And husband nature's riches from expense;
They are the lords and owners of their faces,
Others, but stewards of their excellence.
The summer's flower is to the summer sweet,
Though to itself it only live and die,
But if that flower with base infection meet,
The basest weed outbraves his dignity:
    For sweetest things turn sourest by their deeds;
    Lilies that fester smell far worse than weeds.

94.

Eles que podem magoar, mas não,
não fazem coisas neles evidentes,
que movem outros e em si mesmos são
de pedra, imóveis, frios, reticentes,
herdam graças do céu, poupam primores
da Natura a desgaste e decadência,
de suas faces donos e senhores.
Outros são servos só dessa excelência.
Embora para si viva e pereça,
a flor do verão ao verão traz a doçura,
mas basta que se infecte e adoeça,
vil erva vai turvar-lhe a compostura.
    Se há feitos que os mais doces mais azedem,
    os lírios podres mais que as ervas fedem.

95.

How sweet and lovely dost thou make the shame
Which like a canker in the fragrant rose
Doth spot the beauty of thy budding name:
O in what sweets dost thou thy sins enclose!
That tongue that tells the story of thy days,
Making lascivious comments on thy sport,
Cannot dispraise; but in a kind of praise,
Naming thy name, blesses an ill report.
O what a mansion have those vices got,
Which for their habitation chose out thee,
Where beauty's veil doth cover every blot,
And all things turns to fair that eyes can see!
　　Take heed, dear heart, of this large privilege;
　　The hardest knife ill used doth lose his edge.

95.

Quão doce e terno tornas o pudor
que, como um bicho na fragrante rosa,
mancha a beleza do teu nome em flor!
Oh, como às faltas fazes doce glosa!
Língua que a história de teus dias tome
e comente a lascívia em teu desejo
não deslouve, antes louve esse teu nome,
dizendo-o, a abençoar rumor sem pejo.
Oh, como têm os vícios mansão nobre
que para habitação foram buscar-te,
em que o véu da beleza as manchas cobre
e tudo o que olhos vêem torna em arte!
    Mas cuida, meu amor, tanto alvedrio;
    mau uso à faca dura embota o fio.

96.

Some say thy fault is youth, some wantonness;
Some say thy grace is youth and gentle sport;
Both grace and faults are loved of more and less;
Thou mak'st faults graces, that to thee resort:
As on the finger of a throned queen
The basest jewel will be well esteemed,
So are those errors that in thee are seen
To truths translated, and for true things deemed.
How many lambs might the stern wolf betray
If like a lamb he could his looks translate?
How many gazers mightst thou lead away
If thou wouldst use the strength of all thy state?
    But do not so; I love thee in such sort,
    As thou being mine, mine is thy good report.

96.

Uns dizem que é teu mal: lascivo e jovem;
uns que é graça ser jovem e lascivo;
graça e faltas os mais e os menos movem:
tornas em graça o erro em ti cativo.
Desde que em dedo de rainha exista,
a jóia mais barata é estimada:
assim falta que em ti esteja à vista
se faz verdade e é como tal tomada.
Quanto anho o cruel lobo trairia
se traduzisse o aspecto no de um anho!
E quanto quem te olhar não se transvia
se usas um poder em ti tamanho!
    Não faças isso: amor tal me consome
    que és meu e assim é meu o teu bom nome.

97.

How like a winter hath my absence been
From thee, the pleasure of the fleeting year!
What freezings have I felt, what dark days seen,
What old December's bareness everywhere!
And yet this time removed was summer's time,
The teeming autumn big with rich increase
Bearing the wanton burden of the prime,
Like widowed wombs after their lords' decease:
Yet this abundant issue seemed to me
But hope of orphans, and unfathered fruit;
For summer and his pleasures wait on thee,
And thou away, the very birds are mute;
    Or if they sing, 'tis with so dull a cheer
    That leaves look pale, dreading the winter's near.

97.

Foi como inverno a ausência que passei
de ti, que ao ir do ano és a alegria!
Que frio e dias negros suportei!
Que nudez de Dezembro em tudo havia!
E o tempo assim negado era de verão,
fecundo das colheitas que no outono
seus fardos de volúpia vernal dão,
como ventres viúvos, morto o dono.
Contudo essa abundância me surgia
como órfã prenhez só, frutos sem pais,
que o verão a seu prazer em ti se alia
e as aves quedam mudas se te vais.
    Ou em seu canto triste as folhas tremem
    pálidas, porque perto o inverno temem.

98.

From you have I been absent in the spring,
When proud pied April, dressed in all his trim,
Hath put a spirit of youth in everything,
That heavy Saturn laughed, and leaped with him.
Yet nor the lays of birds, nor the sweet smell
Of different flowers in odour and in hue,
Could make me any summer's story tell,
Or from their proud lap pluck them where they grew;
Nor did I wonder at the lily's white,
Nor praise the deep vermilion in the rose;
They were but sweet, but figures of delight,
Drawn after you, you pattern of all those.
    Yet seemed it winter still, and, you away,
    As with your shadow I with these did play.

98.

Ausentei-me de ti na primavera,
quando Abril de esplendor se ataviava
e a cada coisa uma alma jovem dera
e até Saturno ria e saltitava.
Mas não me fez chilreio, cheiro doce
das várias flores, nem o seu matiz,
que ao viço em tal regaço colher fosse
ou histórias contar primaveris.
Nem me maravilhou do lírio a alvura,
nem vermelhão da rosa em seu veludo;
doces, não mais, deleites em figura,
copiados de ti, modelo a tudo.
    Mas, parecendo inverno e tu ausente,
    a tua sombra neles me contente.

99.

The forward violet thus did I chide:
'Sweet thief, whence didst thou steal thy sweet that
　　　　　　　　　　　　　　　　　　　　[smells,
If not from my love's breath? The purple pride
Which on thy soft cheek for complexion dwells
In my love's veins thou hast too grossly dyed.'
The lily I condemned for thy hand,
And buds of marjoram had stol'n thy hair;
The roses fearfully on thorns did stand,
One blushing shame, another white despair;
A third, nor red, nor white, had stol'n of both,
And to his robb'ry had annexed thy breath;
But for his theft, in pride of all his growth,
A vengeful canker ate him up to death.
　　More flowers I noted, yet I none could see,
　　But sweet, or colour, it had stol'n from thee.

99.

Assim ralho à violeta em seu primor:
doce cheiro onde roubas, doce ladra,
se não ao respirar do meu amor?
Purpúreo viço é tez que à face quadra
mas tinge em suas veias rude cor.
O lírio rejeitei por tua mão,
teus cabelos a manjerona arranca,
duas rosas a medo em picos vão,
rubra a de pejo, em desespero a branca.
E outra, sem ser branca nem vermelha,
roubou de ambas e faz-te bafejá-la,
mas por tal roubo em pleno viço, a engelha
vingador bicho e a come até matá-la.
    Vi muita flor: de mais nenhuma soube
    que a cor e a doçura não te roube.

100.

Where art thou, Muse, that thou forget'st so long
To speak of that which gives thee all thy might?
Spend'st thou thy fury on some worthless song,
Dark'ning thy power to lend base subjects light?
Return, forgetful Muse, and straight redeem,
In gentle numbers, time so idly spent;
Sing to the ear that doth thy lays esteem,
And gives thy pen both skill and argument.
Rise, resty Muse: my love's sweet face survey,
If time have any wrinkle graven there;
If any, be a satire to decay,
And make time's spoils despised everywhere:
    Give my love fame faster than time wastes life,
    So thou prevent'st his scythe and crooked knife.

100.

Onde páras ó Musa, há tanto esqueces
falar do que te dá poder? Te pões
a dar luz a vis temas e escureces?
Gastas fúria a cantar fúteis canções?
Volta, Musa esquecida, e se redima
em gentis versos tempo em vão perdido,
canta ao ouvido que teus lais estima
e à pena engenho e tema te há trazido.
Musa indolente, em meu amor vigia
se o tempo lhe gravou rugas na face,
faz troça da ruína e nesse dia
despreza os seus estragos onde passe.
    Se o Tempo gasta a vida, mais depressa
    dês fama a meu amor que a foice impeça.

101.

O truant Muse, what shall be thy amends
For thy neglect of truth in beauty dyed?
Both truth and beauty on my love depends;
So dost thou, too, and therein dignified:
Make answer, Muse, wilt thou not haply say,
'Truth needs no colour with his colour fixed,
Beauty no pencil, beauty's truth to lay,
But best is best if never intermixed'?
Because he needs no praise, wilt thou be dumb?
Excuse not silence so, for't lies in thee
To make him much outlive a gilded tomb,
And to be praised of ages yet to be.
    Then do thy office, Muse: I teach thee how
    To make him seem long hence as he shows now.

101.

Musa viloa, acaso inda te emendem?
Descuidas a beleza na verdade
tingida? Mas do meu amor dependem
e tu também e traz-te dignidade.
Responde, Musa. Diz-nos tua fala
"verdade não quer cor se já tem cor,
nem lápis quer beleza a asseverá-la,
sem mistura, o melhor é o melhor?"
Se ele o louvor dispensa eis-te calada?
Não escuses silêncios, que em ti está
que sobreviva à tumba ornamentada
e o louvem as idades que vêm lá.
    Faz teu ofício, Musa, que aprendemos
    a fazê-lo durar como hoje o vemos.

102.

My love is strengthened, though more weak in
[seeming;
I love not less, though less the show appear.
That love is merchandised, whose rich esteeming
The owner's tongue doth publish everywhere.
Our love was new, and then but in the spring,
When I was wont to greet it with my lays,
As Philomel in summer's front doth sing,
And stops her pipe in growth of riper days.
Not that the summer is less pleasant now
Than when her mournful hymns did hush the night;
But that wild music burdens every bough,
And sweets grown common lose their dear delight:
    Therefore, like her, I sometime hold my tongue,
    Because I would not dull you with my song.

102.

Tendo ar mais frouxo é meu amor mais forte,
nem amo menos, inda que pareça.
É só venal o amor cujo alto importe
língua do dono em público enalteça.
Novo era o nosso amor primaveril
e aprendi a saudá-lo nos meus lais,
qual Filomela em vindo o verão gentil,
mas que, maduro o verão, não canta mais.
Não que o verão tenha menos alegria
do que ao dar ela à noite escuro canto,
mas zune em ramos música bravia
e doçuras banais perdem encanto.
    Como ela às vezes eu me calo então,
    para que não te pese esta canção.

103.

Alack, what poverty my Muse brings forth,
That, having such a scope to show her pride,
The argument all bare is of more worth
Than when it hath my added praise beside.
O blame me not if I no more can write!
Look in your glass, and there appears a face
That overgoes my blunt invention quite,
Dulling my lines, and doing me disgrace.
Were it not sinful, then, striving to mend,
To mar the subject that before was well?
For to no other pass my verses tend
Than of your graces and your gifts to tell;
    And more, much more, than in my verse can sit
    Your own glass shows you, when you look in it.

103.

Ah, que pobreza a Musa dá à luz,
que tendo tal escopo a grão talento,
têm mais valor os argumentos nus
do que se meu louvor lhes acrescento.
Se não escrevo, não me repreendas!
Vê-te ao espelho e lá um rosto passa
que vai além de minhas rudes prendas
e me escurece o verso e me desgraça.
Não seria pecado ir mais além,
lesar motivo que era já perfeito?
Pois nenhum outro fim meus versos têm
senão dizer-te encantos a preceito.
        E mais, e muito mais que o verso fez,
        te diz o espelho sempre que te vês.

104.

To me, fair friend, you never can be old;
For as you were when first your eye I eyed,
Such seems your beauty still: three winters cold
Have from the forests shook three summers' pride;
Three beauteous springs to yellow autumn turned
In process of the seasons have I seen;
Three April perfumes in three hot Junes burned,
Since first I saw you fresh, which yet art green.
Ah, yet doth beauty, like a dial hand,
Steal from his figure, and no pace perceived;
So your sweet hue, which methinks still doth stand,
Hath motion, and mine eye may be deceived;
   For fear of which, hear this, thou age unbred,
   Ere you were born was beauty's summer dead.

104.

Para mim nunca és velho, amigo terno,
tal como outrora os olhos nos olhámos
inda és belo: três vezes frio inverno
da glória sacudiu três verões dos ramos.
Três vezes primavera, eu testemunho,
deu amarelo outono e foi arder de
três perfumes de Abril três vezes Junho
e vi-te fresco então e ainda és verde.
Beleza como agulha de quadrante
vai roubando algarismos, ah, furtiva,
e tua doce tez, que acho constante,
move-se, a meu olhar sendo ilusiva.

    Com medo, escuta, idade não nascida,
    antes de ti, o verão ficou sem vida.

105.

Let not my love be called idolatry,
Nor my beloved as an idol show,
Since all alike my songs and praises be,
To one, of one, still such, and ever so.
Kind is my love today, tomorrow kind,
Still constant in a wondrous excellence;
Therefore my verse, to constancy confined,
One thing expressing, leaves out difference.
Fair, kind and true is all my argument;
Fair, kind and true, varying to other words,
And in this change is my invention spent,
Three themes in one, which wondrous scope affords.
    Fair, kind and true have often lived alone,
    Which three, till now, never kept seat in one.

105.

Não chamem meu amor idolatria,
nem quem amo como ídolo se veja,
já que o que louvo e canto não varia,
de um, para um, e assim e sempre seja.
Bom é meu amor hoje, amanhã bom,
constante num milagre de excelência,
e à constância confina-se meu tom,
diz sempre o mesmo e deixa a concorrência.
Belo, bom, verdadeiro, por só tema,
belo, bom, verdadeiro, em variação,
nessas voltas se esgota o meu poema,
três temas num, e que prodígios dão.
    Belo, bom, verdadeiro, antes se enfrentam:
    e só agora os três num só assentam.

106.

When in the chronicle of wasted time
I see descriptions of the fairest wights,
And beauty making beautiful old rhyme,
In praise of ladies dead, and lovely knights;
Then in the blazon of sweet beauties best,
Of hand, of foot, of lip, of eye, of brow,
I see their antique pen would have expressed
Even such a beauty as you master now:
So all their praises are but prophecies
Of this our time, all you prefiguring;
And for they looked but with divining eyes
They had not skill enough your worth to sing;
   For we which now behold these present days
   Have eyes to wonder, but lack tongues to praise.

106.

Quando vejo na crónica de antanho
formosa gente dita, romanceiros
que a beleza embeleza e o preito ganho
por donas mortas, doces cavaleiros;
logo em brasão da suma formosura,
que em mão, pé, beiço, fronte, olhos, combinas,
vejo que a pena antiga dera a pura
beleza igual à que hoje tu dominas.
Não mais que profecia foi louvor
que o nosso tempo e a ti prefigurava;
não via mais seu ver divinador,
nem pra cantar-te o engenho lhes chegava.
      E em nós, vendo o presente, há um olhar
      deslumbrado, não língua pra louvar.

107.

Not mine own fears, nor the prophetic soul
Of the wide world, dreaming on things to come,
Can yet the lease of my true love control,
Supposed as forfeit to a confined doom.
The mortal moon hath her eclipse endured,
And the sad augurs mock their own presage;
Uncertainties now crown themselves assured,
And peace proclaims olives of endless age.
Now with the drops of this most balmy time
My love looks fresh, and death to me subscribes,
Since 'spite of him I'll live in this poor rhyme,
While he insults o'er dull and speechless tribes;
    And thou in this shalt find thy monument,
    When tyrants' crests and tombs of brass are spent.

107.

Nem os meus medos, nem a sibilina
alma do mundo em sonhos do futuro,
controlam prazo em que este amor termina,
suposto condenado a fim seguro.
Já teve o seu eclipse a mortal lua,
pressago, o áugur' triste a si moteja,
coroada, a incerteza se atenua
e a paz quer que a oliveira eterna seja.
Este tempo de bálsamo é orvalho
a meu amor e a morte a mim se curva,
contra ela em pobre rima me agasalho,
enquanto insulta a tribo muda e turva.
    E tu nisto terás teu monumento,
    e tiranos e bronzes serão vento.

108.

What's in the brain that ink may character
Which hath not figured to thee my true spirit?
What's new to speak, what new to register,
That may express my love, or thy dear merit?
Nothing, sweet boy; but yet, like prayers divine,
I must each day say o'er the very same,
Counting no old thing old; thou mine, I thine,
Even as when first I hallowed thy fair name:
So that eternal love, in love's fresh case,
Weighs not the dust and injury of age,
Nor gives to necessary wrinkles place
But makes antiquity for aye his page,
    Finding the first conceit of love there bred,
    Where time and outward form would show it dead.

108.

Que há no cérebro a dar em tinta escrito
em que, de alma fiel, não te apresento?
De novo o que dizer, o que repito
do meu amor, do teu merecimento?
Nada, doce rapaz, mas como em prece,
digo e redigo o mesmo em cada dia,
tu meu, eu teu, em nós nada envelhece,
como quando a primeira litania
fiz a teu nome. Eterno amor recente
caso de amor, sem peso ou pó da idade,
não marca com as rugas, inclemente,
mas em pajem transforma a antiguidade.
    Vendo a ideia de amor ali nascida,
    lá onde o tempo e a forma apagam vida.

109.

O never say that I was false of heart,
Though absence seemed my flame to qualify;
As easy might I from myself depart
As from my soul which in thy breast doth lie:
That is my home of love; if I have ranged,
Like him that travels I return again,
Just to the time, not with the time exchanged,
So that myself bring water for my stain;
Never believe, though in my nature reigned
All frailties that besiege all kinds of blood,
That it could so preposterously be stained,
To leave for nothing all thy sum of good:
 For nothing this wide universe I call,
 Save thou, my rose; in it thou art my all.

109.

Nunca me digas falso o coração,
se parece que ausência altera a chama;
fora de mim a mim separação,
como desta alma que em teu peito acama.
É-me casa de amor, se errante andei
e como quem viaja ora regresso
ainda a tempo, co tempo não mudei,
e a lavar minhas manchas já começo.
Nem creias, muito embora em mim reinasse
toda a fraqueza dando ao sangue engodo,
que sem sentido o sangue se aviltasse
e eu trocasse por nada o teu bem todo.
  E no vasto universo a nada aludo,
  salvo a ti minha rosa que me és tudo.

110.

Alas, 'tis true, I have gone here and there,
And made myself a motley to the view,
Gored mine own thoughts, sold cheap what is most
[dear,

Made old offences of affections new.
Most true it is that I have looked on truth
Askance and strangely; but by all above,
These blenches gave my heart another youth,
And worse essays proved thee my best of love.
Now all is done, save what shall have no end;
Mine appetite I never more will grind
On newer proof, to try an older friend,
A god in love, to whom I am confined:
  Then give me welcome, next my heaven the best,
  Even to thy pure and most most loving breast.

110.

Ai, é verdade! andei aqui e ali,
fiz um bobo de mim, de mente às tiras,
barato o que é mais caro então vendi
e a novas afeições dei velhas iras.
E também é verdade que a verdade
só olhei de viés, mas tais soslaios
deram-me ao coração mais mocidade
e sais-me o mor amor dos maus ensaios.
Fiz o que fiz, salvo o que não tem fim;
não mais aguçarei meu apetite
em nova prova contra afecto assim,
deus neste amor que tomo por limite.
    Sendo a seguir ao céu o mais perfeito,
    acolhe-me em teu puro e amado peito.

111.

O, for my sake do you with Fortune chide,
The guilty goddess of my harmful deeds,
That did not better for my life provide
Than public means, which public manners breeds;
Thence comes it that my name receives a brand,
And almost thence my nature is subdued
To what it works in, like the dyer's hand;
Pity me, then, and wish I were renewed,
Whilst like a willing patient I will drink
Potions of eisell 'gainst my strong infection;
No bitterness that I will bitter think,
Nor double penance to correct correction.
    Pity me then, dear friend, and I assure ye,
    Even that your pity is enough to cure me.

111.

Por mim culpa a Fortuna: à deusa assentam
as culpas de meus actos vis inteiras;
não mais me sustentou do que sustentam
meios públicos públicas maneiras.
E assim ferrete ao nome me é letreiro
e a minha natureza é reduzida
ao que faz, como a mão do tintureiro:
apieda-te e me queiras nova vida,
enquanto bebo, eu, dócil paciente,
a poção de vinagre na infecção;
nem sei de outra amargura amargamente,
nem de outra dupla pena em contrição.
    Tem pena, meu amigo, te asseguro
    que basta a tua pena e já me curo.

112.

Your love and pity doth th'impression fill
Which vulgar scandal stamped upon my brow;
For what care I who calls me well or ill
So you o'er-green my bad, my good allow?
You are my all-the-world, and I must strive
To know my shames and praises from your tongue;
None else to me, nor I to none, alive,
That my steeled sense o'er-changes right or wrong.
In so profound abysm I throw all care
Of others' voices, that my adder's sense
To critic and to flatterer stopped are.
Mark how with my neglect I do dispense:
    You are so strongly in my purpose bred
    That all the world besides me thinks you're dead.

112.

De ti, amor e pena me atenuam
a impressão de escândalo na fronte;
sou bom ou mau, que importa o que insinuam?,
dás-me o bem e em tal verde o mal não conte.
Me és mundo todo e luto por saber
vergonhas e louvor de tua língua,
nem outro a mim, nem eu a outro ser,
tempere a fibra ou mude excesso ou míngua.
A tão profundo abismo o zelo envio
de alheias vozes, postas em censura
desta surdez de cobra, ou elogio:
vê como em meu descuido sou sem cura.
    Tão no imo de mim sempre cresceste,
    que o mundo além de mim crê que morreste.

113.

Since I left you, mine eye is in my mind,
And that which governs me to go about
Doth part his function, and is partly blind;
Seems seeing, but effectually is out:
For it no form delivers to the heart
Of bird, of flower, or shape which it doth latch;
Of his quick objects hath the mind no part,
Nor his own vision holds what it doth catch:
For if it see the rud'st or gentlest sight,
The most sweet-favoured or deformed'st creature,
The mountain, or the sea, the day, or night,
The crow, or dove, it shapes them to your feature.
    Incapable of more, replete with you,
    My most true mind thus maketh mine untrue.

113.

Desde que te deixei, à alma entrego
meu olho que governa o andar no chão
e perde essa função e em parte é cego,
parece ver, mas realmente não:
que ao coração as formas não transmite
de ave, de flor, de vulto que aferrolha;
nem na alma os alvos rápidos que fite,
nem na própria visão mantém o que olha:
e a vista mais gentil, o que é mais torvo,
o mais doce favor, atroz criatura,
a montanha ou o mar, a pomba, o corvo,
o dia, a noite, a ti os configura.
   Sem poder mais, contigo até à pele,
   o mais fiel de mim faz-me infiel.

114.

Or whether doth my mind, being crowned with you,
Drink up the monarch's plague, this flattery?
Or whether shall I say mine eye saith true,
And that your love taught it this alchemy,
To make of monsters and things indigest
Such cherubins as your sweet self resemble,
Creating every bad a perfect best
As fast as objects to his beams assemble?
O, 'tis the first, 'tis flatt'ry in my seeing,
And my great mind most kingly drinks it up:
Mine eye well knows what with his gust is greeing,
And to his palate doth prepare the cup.
    If it be poisoned, 'tis the lesser sin,
    That mine eye loves it and doth first begin.

114.

Ou se, por ti me sendo a alma coroada,
bebo a lisonja, peste que os reis mina,
ou se a verdade a meu olhar é dada
e esta alquimia teu amor lhe ensina:
monstros tornando e coisas indigestas
em querubins iguais a teu ser brando
e em perfeição as coisas mais funestas,
tão cedo quão seu raio as vai juntando?
Ah, é a primeira, esta lisonja à vista
que a alma grande e real a beber passa.
Meu olhar sabe ao gosto lhe é benquista
e a seu palato preparou a taça.
    Se for veneno, a mal menor me abeiro,
    meu olhar gosta e serve-se primeiro.

115.

Those lines that I before have writ do lie,
Even those that said I could not love you dearer;
Yet then my judgement knew no reason why
My most full flame should afterwards burn clearer.
But reckoning time, whose millioned accidents
Creep in 'twixt vows, and change decrees of kings,
Tan sacred beauty, blunt the sharp'st intents,
Divert strong minds to th' course of alt'ring things;
Alas, why, fearing of time's tyranny,
Might I not then say, 'Now I love you best',
When I was certain o'er uncertainty,
Crowning the present, doubting of the rest?
    Love is a babe; then might I not say so,
    To give full growth to that which still doth grow?

115.

Mentem as linhas que antes escrevi,
mesmo onde disse amar-te mais e mais;
mas então as razões não entendi
de esta chama ir depois a alturas tais.
Mas vendo o tempo e seus mil acidentes
puir votos, mudar decreto a reis,
delir beleza e as mais agudas mentes,
dar a almas fortes do seu curso as leis,
porque é que então, temendo essas cruezas,
amar-te como nunca eu não diria,
quando a minha certeza em incertezas
coroava o presente e mais não via?
   Amor sendo criança, e eu sem poder
   dizer crescido o que inda está a crescer.

116.

Let me not to the marriage of true minds
Admit impediments; love is not love
Which alters when it alteration finds,
Or bends with the remover to remove.
O no, it is an ever-fixed mark,
That looks on tempests and is never shaken;
It is the star to every wand'ring bark,
Whose worth's unknown, although his height be taken.
Love's not Time's fool, though rosy lips and cheeks
Within his bending sickle's compass come;
Love alters not with his brief hours and weeks,
But bears it out even to the edge of doom.
   If this be error and upon me proved,
   I never writ, nor no man ever loved.

116.

Não haja impedimentos à união
de almas fiéis; amor não é amor
se se alterar ao ver alteração
ou curvar a qualquer pôr e dispor.
Ah, não, é um padrão sempre constante
que enfrenta as tempestades com bravura;
é estrela a qualquer barco navegante,
de ignoto poder, mas dada altura.
Do Tempo o amor não é bufão, na esfera
da foice curva em bocas, róseos rostos;
com breve hora ou semana não se altera
e até ao julgamento fica a postos.
     E se isto é erro e em mim a prova tem,
     nunca escrevi e nunca amou ninguém.

117.

Accuse me thus: that I have scanted all
Wherein I should your great deserts repay,
Forgot upon your dearest love to call,
Whereto all bonds do tie me day by day;
That I have frequent been with unknown minds,
And given to time your own dear-purchased right;
That I have hoisted sail to all the winds
Which should transport me farthest from your sight.
Book both my wilfulness and errors down,
And on just proof surmise accumulate;
Bring me within the level of your frown,
But shoot not at me in your wakened hate:
 Since my appeal says I did strive to prove
 The constancy and virtue of your love.

117.

Acusa-me de descuidar-me em tudo,
sem te retribuir grandes valias,
se a teu amor tão grande não acudo
e os laços dele amarram os meus dias;
de que desconhecidos frequentei
e ao tempo dei direito que compraste
tão caro e de que ao vento a vela icei
a levar-me de ti longe que baste.
Regista teimosia, erros que tenho,
e junta a justas provas presunções,
inclui-me no franzido do teu cenho,
mas poupa-me nesse ódio às agressões:
   pois apelando a ti, ponho em valor
   em constância e virtude o teu amor.

118.

Like as, to make our appetites more keen,
With eager compounds we our palate urge;
As, to prevent our maladies unseen,
We sicken to shun sickness when we purge;
Even so, being full of your ne'er-cloying sweetness,
To bitter sauces did I frame my feeding,
And, sick of welfare, found a kind of meetness
To be diseased ere that there was true needing.
Thus policy in love, t'anticipate
The ills that were not, grew to faults assured,
And brought to medicine a healthful state
Which, rank of goodness, would by ill be cured;
    But thence I learn, and find the lesson true,
    Drugs poison him that so fell sick of you.

118.

Como a aguçar-nos mais o apetite
damos droga pungente ao paladar
pra que doença oculta nos evite,
mal contra mal nos damos ao purgar.
Eu, com tua doçura insaciável,
minha dieta afiz a amargos termos
e farto de estar bem, achei saudável,
sem precisar, contar-me entre os enfermos.
Dá assim ardil de amor, que prévio ajude
males sem existir, seguras faltas,
medica em bom estado de saúde,
por mal curando condições tão lautas.
    Mas a lição exacta eu aprendi:
    seja veneno adoecer por ti.

119.

What potions have I drunk of siren tears
Distilled from limbecks foul as hell within,
Applying fears to hopes, and hopes to fears,
Still losing when I saw myself to win?
What wretched errors hath my heart committed,
Whilst it hath thought itself so blessed never?
How have mine eyes out of their spheres been fitted
In the distraction of this madding fever?
O benefit of ill: now I find true
That better is by evil still made better,
And ruined love when it is built anew
Grows fairer than at first, more strong, far greater:
    So I return rebuked to my content,
    And gain by ills thrice more than I have spent.

119.

Ah, que poções do choro das Sereias
bebi, de infernal, vil destilaria,
de ânsias e medos, medos e ânsias cheias,
sempre a perder quando a ganhar me via!
Que erros perversos fez meu coração
que nunca se julgara em tal ventura!
E saltavam das órbitas então
meus olhos, nessa febre de loucura!
Ó benfazejo mal, já não duvido
que o melhor pelo mal sempre melhore,
e amor arruinado, reerguido,
é mais belo, mais forte e bem maior.
 Volto ao contentamento em meus reveses
 e o que gastei por mal ganho três vezes.

120.

That you were once unkind befriends me now,
And for that sorrow, which I then did feel,
Needs must I under my transgression bow,
Unless my nerves were brass or hammered steel:
For if you were by my unkindness shaken,
As I by yours, you've passed a hell of time,
And I, a tyrant, have no leisure taken
To weigh how once I suffered in your crime.
O that our night of woe might have remembered
My deepest sense how hard true sorrow hits,
And soon to you, as you to me then, tendered
The humble salve which wounded bosoms fits!
    But that your trespass now becomes a fee;
    Mine ransoms yours, and yours must ransom me.

120.

Que já me magoaste me sossega
e por mágoas de então, que ainda passo,
peso das minhas faltas me carrega,
nem os meus nervos são de bronze ou aço.
Pois se em minha rudeza te abalei,
e tu a mim, o que infernal te oprime,
com ser tirano, tempo não gastei
pesando o que sofri pelo teu crime.
Ah, nossa dor nocturna em mim lembrasse,
bem fundo, quanto dói funda tristeza
e, como a mim me deste, te prestasse
bálsamo humilde à dor no peito acesa.
    Torne-se um preço a ofensa que em ti vinha;
    resgate a minha a tua, a tua a minha.

121.

'Tis better to be vile than vile esteemed,
When not to be, receives reproach of being,
And the just pleasure lost, which is so deemed
Not by our feeling, but by others' seeing.
For why should others' false adulterate eyes
Give salutation to my sportive blood?
Or on my frailties why are frailer spies,
Which in their wills count bad what I think good?
No, I am that I am, and they that level
At my abuses, reckon up their own;
I may be straight, though they themselves be bevel.
By their rank thoughts my deeds must not be shown,
    Unless this general evil they maintain:
    All men are bad, and in their badness reign.

121.

Mais val' ser vil do que por vil havido,
se a quem não é se acusa por o ser;
por vil se vê justo prazer perdido,
não que o sintamos, mas de alheio ver.
O falso olhar dos outros porque iria
dar salvação a este sangue ardente?
Ou espiar meus fracos fraco espia
que julga mau o que eu julgo excelente?
Não, eu sou o que sou, se denunciam
meus erros, vêem seus próprios desacatos.
Eu recto, eles oblíquos, nem podiam
seus pensamentos vis medir-me os actos,
   a menos que esse mal fique de vez
   e, todos maus, governe a malvadez.

122.

Thy gift, thy tables, are within my brain
Full charactered with lasting memory,
Which shall above that idle rank remain
Beyond all date, even to eternity;
Or at the least, so long as brain and heart
Have faculty by nature to subsist;
Till each to razed oblivion yield his part
Of thee, thy record never can be missed.
That poor retention could not so much hold,
Nor need I tallies thy dear love to score;
Therefore to give them from me was I bold,
To trust those tables that receive thee more;
    To keep an adjunct to remember thee
    Were to import forgetfulness in me.

122.

A tua prenda, trago-a na cabeça,
caderno em letras que a memória invade,
e sobre ociosa escória permaneça
além das datas, té à eternidade.
E ao menos, quanto em mente e coração
resista a natureza até ser dado
ao apagado olvido o seu quinhão
de ti, é-te o registo preservado.
Nem pobre retenção guardou bastante,
nem para amar preciso das tabelas;
ousei por isso dá-las, confiante
nas folhas que há na mente: estás mais nelas.
    Manter, para lembrar-te, um instrumento,
    seria eu importar esquecimento.

123.

No! Time, thou shalt not boast that I do change;
Thy pyramids, built up with newer might,
To me are nothing novel, nothing strange;
They are but dressings of a former sight:
Our dates are brief, and therefore we admire
What thou dost foist upon us that is old,
And rather make them born to our desire
Than think that we before have heard them told:
Thy registers and thee I both defy,
Not wond'ring at the present, nor the past,
For thy records, and what we see doth lie,
Made more or less by thy continual haste:
    This I do vow, and this shall ever be,
    I will be true despite thy scythe and thee.

123.

Não, Tempo, não te gabes de que eu mudo;
pirâmides com nova força erguidas
nem me são novas, nem estranhas, tudo
são coisas antes vistas, guarnecidas.
Nossas datas são breves e no ensejo
de o velho em nós lançares, nos espantes,
que as fazes mais nascer-nos ao desejo
do que nos lembras que as ouvimos antes.
E enfrento o teu arquivo, onde não temos
nem surpresa presente nem pregressa;
mentem os teus registos e o que vemos,
que aumenta ou diminui em tua pressa.
　　Faço voto de ser sempre fiel,
　　　mau grado a foice e a tua mão cruel.

124.

If my dear love were but the child of state
It might, for fortune's bastard, be unfathered,
As subject to time's love or to time's hate,
Weeds among weeds, or flowers with flowers
                                        [gathered.
No, it was builded far from accident;
It suffers not in smiling pomp, nor falls
Under the blow of thralled discontent,
Whereto th'inviting time our fashion calls:
It fears not policy, that heretic,
Which works on leases of short-numbered hours,
But all alone stands hugely politic,
That it nor grows with heat, nor drowns with showers.
    To this I witness call the fools of time,
    Which die for goodness, who have lived for crime.

124.

Se o meu querido amor fosse um exposto,
bastardo da Fortuna, sem ter pai,
o fariam os tempos, de ódio ou gosto,
erva com erva ou flor que em flores vai.
Mas foi feito bem longe de acidentes,
nem vítima de alegres pompas, nem
do sopro de cativos descontentes,
a que o tempo convida e a moda vem.
E não teme a política, heresia
que os prazos de horas curtas coadjuva,
mas se governa em mor sabedoria;
nem cresce do calor, nem morre à chuva.
    E em testemunho, os loucos que redime
    a morte pelo bem, vivem do crime.

125.

Were't ought to me I bore the canopy,
With my extern the outward honouring,
Or laid great bases for eternity,
Which proves more short than waste or ruining?
Have I not seen dwellers on form and favour
Lose all, and more, by paying too much rent,
For compound sweet forgoing simple savour,
Pitiful thrivers, in their gazing spent?
No, let me be obsequious in thy heart,
And take thou my oblation, poor but free,
Which is not mixed with seconds, knows no art,
But mutual render, only me for thee.
   Hence, thou suborned informer, a true soul
   When most impeached, stands least in thy control.

125.

De que me val' ter pálios capazes
de dar por fora externas honrarias,
ou dar à eternidade grandes bases
mais curtas que a ruína e as avarias?
Pois não vi quem viveu forma e favor
tudo perder e mais por doce droga
assim pagar, sumido o bom sabor,
triste ganho de quem a olhar se afoga?
Não!, que eu seja devoto no teu peito:
minha oblação, pobre mas livre, aí,
é sem mistelas, segue um só preceito,
a mútua rendição, só eu por ti.
    E ó tu, bufo comprado, alma de escol,
    quanto mais ré, menos em teu control'.

126.

O thou my lovely Boy, who in thy power
Dost hold time's fickle glass, his sickle hour,
Who hast by waning grown, and therein show'st
Thy lover's withering, as thy sweet self grow'st;
If nature, sovereign mistress over wrack,
As thou goest onwards still will pluck thee back,
She keeps thee to this purpose: that her skill
May time disgrace, and wretched minute kill.
Yet fear her, O thou minion of her pleasure:
She may detain, but not still keep, her treasure!
   Her audit, though delayed, answered must be,
   And her quietus is to render thee.
   (   )
   (   )

126.

Gentil Rapaz, que tens em teu poder
foice, ampulheta e horas a correr;
que cresces de sumir-te e desocultas
amantes a murchar, se doce avultas;
soberana a Natura, em coisas más,
quando avanças te puxa para trás
e tenta com destreza desgraçar
o Tempo e o instante atroz matar.
Mas teme-a, ó favorito a seu decoro,
ela retém, mas não guarda o tesouro!
Terá resposta, atrase-se a auditar-te,
e nela a quitação é entregar-te.
(   )
(   )

127.

In the old age black was not counted fair,
Or if it were, it bore not beauty's name;
But now is black beauty's successive heir,
And beauty slandered with a bastard shame:
For since each hand hath put on nature's power,
Fairing the foul with art's false borrowed face,
Sweet beauty hath no name, no holy bower,
But is profaned, if not lives in disgrace.
Therefore my mistress' eyes are raven black,
Her eyes so suited, and they mourners seem
At such who, not born fair, no beauty lack,
Sland'ring creation with a false esteem;
    Yet so they mourn, becoming of their woe,
    That every tongue says beauty should look so.

127.

Não era outrora o negro lisongeiro,
ou se era, por beleza não se havia;
e eis sucede à beleza por herdeiro
e à beleza infama a bastardia.
E se há mão que Natura imite tanto
que o feio alinda em falsa arte emprestada,
a beleza, sem nome ou bosque santo,
ou se profana ou vive desgraçada.
Olhos da minha amante têm acesa
a cor do corvo em luto por quem há-de,
nascido sem beleza, ter beleza
que insulta a criação por falsidade.
    Mas ao vê-los chorar dir-se-ia enfim
    que a beleza devia ser assim.

128.

How oft when thou, my music, music play'st
Upon that blessed wood whose motion sounds
With thy sweet fingers, when thou gently sway'st
The wiry concord that mine ear confounds,
Do I envy those jacks that nimble leap,
To kiss the tender inward of thy hand,
Whilst my poor lips, which should that harvest reap,
At the wood's boldness by thee blushing stand?
To be so tickled they would change their state
And situation with those dancing chips,
O'er whom thy fingers walk with gentle gait,
Making dead wood more blessed than living lips.
   Since saucy jacks so happy are in this,
   Give them thy fingers, me thy lips to kiss.

128.

Música minha, a música tocando
que em bendita madeira os sons recreia
sob os teus doces dedos ondulando,
em concórdia das cordas que me enleia,
invejo às teclas saltitar macio
a beijar-te por dentro a tenra mão
e ficam os meus lábios de pousio,
corando ao pé de ti da ousada acção?
Pois trocavam de estado, nessa airosa
titilação, com nicos tão esquivos,
se da pressa gentil dos dedos goza
madeira morta mais que lábios vivos.
    Felizes teclas, num descaro assim:
    dá-lhes os dedos e a boca a mim.

129.

Th'expense of spirit in a waste of shame
Is lust in action; and till action, lust
Is perjured, murd'rous, bloody, full of blame,
Savage, extreme, rude, cruel, not to trust;
Enjoyed no sooner but despised straight;
Past reason hunted, and no sooner had,
Past reason hated as a swallowed bait,
On purpose laid to make the taker mad;
Mad in pursuit, and in possession so,
Had, having, and in quest to have, extreme;
A bliss in proof, and proved, a very woe;
Before, a joy proposed; behind, a dream.
    All this the world well knows, yet none knows well
    To shun the heaven that leads men to this hell.

129.

Espírito gastar, perder vergonha,
luxúria em acto e antes de acto, luxúria,
assassina, perjura, infame ronha,
rude, extrema, cruel e brutal fúria;
tão depressa gozada, denegrida,
sem razão perseguida, mal se apanha
odiada em sem razão, isca engolida
feita a enlouquecer quem na abocanha;
louca na caça e louca ao possuir,
e tendo tido, e tendo, e no fim, põe o
prazer à prova e a dor, provado, a vir,
antes proposta de êxtase num sonho.
   Tudo isto o mundo sabe e ninguém sabe
   fugir do céu que assim no inferno cabe.

130.

My mistress' eyes are nothing like the sun;
Coral is far more red than her lips' red;
If snow be white, why then her breasts are dun;
If hairs be wires, black wires grow on her head;
I have seen roses damasked, red and white,
But no such roses see I in her cheeks;
And in some perfumes is there more delight
Than in the breath that from my mistress reeks.
I love to hear her speak, yet well I know
That music hath a far more pleasing sound;
I grant I never saw a goddess go;
My mistress when she walks treads on the ground.
    And yet, by heaven, I think my love as rare
    As any she belied with false compare.

130.

Minha amante nos olhos sol não tem,
mais rubro é o coral que sua boca,
se a neve é branca, o peito é escuro e bem,
se há toucas de oiro, negro fio a touca.
Vi rosas brancas, rubras, damascadas,
não tem rosas na face, ao contemplá-la,
e há essências que são mais delicadas
do que o bafo que a minha amante exala.
Gosto de ouvir-lhe a voz, contudo sei
da música mais doce a afinação,
e uma deusa a passar jamais olhei,
a minha amante a andar põe pés no chão.
 Creio no entanto o meu amor tão raro
 quão falsas ilusões a que o comparo.

131.

Thou art as tyrannous, so as thou art,
As those whose beauties proudly make them cruel;
For well thou knowst, to my dear doting heart
Thou art the fairest and most precious jewel.
Yet in good faith some say, that thee behold,
Thy face hath not the power to make love groan;
To say they err, I dare not be so bold,
Although I swear it to myself alone;
And to be sure that is not false, I swear
A thousand groans but thinking on thy face;
One on another's neck do witness bear
Thy black is fairest in my judgement's place.
    In nothing art thou black save in thy deeds,
    And thence this slander, as I think, proceeds.

131.

Na tua tirania és como são
as belezas cruéis por orgulhosas,
sabes que no meu pobre coração
és a jóia mais bela das preciosas.
Dirão ao ver-te os bem-intencionados
que não suspira amor ao ver-te a face.
Não ousarei dizer que estão errados,
embora a sós a mim mesmo o jurasse.
E para jura em falso eu não fazer,
mil suspiros, se penso em tua cara,
ao pescoço um do outro, vêm dizer
da tua pretidão como eu julgara.
        És negra só em teu procedimento,
        do que procede esse caluniamento.

132.

Thine eyes I love, and they, as pitying me,
Knowing thy heart torment me with disdain,
Have put on black, and loving mourners be,
Looking with pretty ruth upon my pain;
And truly, not the morning sun of heaven
Better becomes the grey cheeks of the East,
Nor that full star that ushers in the even
Doth half that glory to the sober West
As those two mourning eyes become thy face:
O let it then as well beseem thy heart
To mourn for me, since mourning doth thee grace,
And suit thy pity like in every part:
    Then will I swear beauty herself is black,
    And all they foul that thy complexion lack.

132.

Amo os teus olhos se se compadecem,
sabendo que em desdém me dás tormento,
e se vestem de preto e em luto tecem
suave compaixão ao sofrimento.
E nem sol da manhã no céu anima
mais as faces cinzentas do nascente,
nem estrela da tarde brilha em cima
a dar tanta glória ao sóbrio poente,
como de luto a face te matinam
esses dois olhos: move o coração
ao luto matinal que em graça afinam
e adorna de igual modo a compaixão.
    Jurarei que a beleza é pretidão
    e feia a tez que falhe esse padrão.

133.

Beshrew that heart that makes my heart to groan
For that deep wound it gives my friend and me;
Is't not enough to torture me alone,
But slave to slavery my sweet'st friend must be?
Me from myself thy cruel eye hath taken,
And my next self thou harder hast engrossed:
Of him, myself and thee I am forsaken,
A torment thrice threefold thus to be crossed.
Prison my heart in thy steel bosom's ward;
But then my friend's heart let my poor heart bail.
Whoe'er keeps me, let my heart be his guard;
Thou canst not then use rigour in my jail.
    And yet thou wilt, for I being pent in thee,
    Perforce am thine, and all that is in me.

133.

Mal haja o coração que o coração
me faz gemer e funda ferida cava
a meu amigo e a mim; na servidão,
servo, ele? Tortura a mim bastava.
A mim, de mim teu cruel olho saca
e a meu vizinho cruelmente apanha:
dele, de mim, de ti, se me destaca,
triplo sofrer três vezes me amarfanha.
Meu coração, preso em teu imo de aço,
deixa que a amigo dê caução de cor
e que o guarde onde a ser guardado passo;
não tenhas nesse cárcere rigor.
   Mas o farás, pois preso em ti, assim
   sou teu por força e tudo o que há em mim.

134.

So now I have confessed that he is thine,
And I myself am mortgaged to thy will,
Myself I'll forfeit, so that other mine
Thou wilt restore to be my comfort still;
But thou wilt not, nor he will not be free,
For thou art covetous, and he is kind;
He learned but surety-like to write for me,
Under that bond that him as fast doth bind.
The statute of thy beauty thou wilt take,
Thou usurer, that put'st forth all to use,
And sue a friend, came debtor for my sake:
So him I lose through my unkind abuse.
   Him have I lost; thou hast both him and me;
   He pays the whole, and yet am I not free.

134.

Confesso pois agora que ele é teu
e a teu querer estou hipotecado
e juro falso para esse outro meu
desvinculares, sendo eu confortado:
se não o fazes, não é livre em breve,
és avidez e ele gentileza,
só sabe avalizar-me no que escreve,
sob laço que o prende com firmeza.
E à formosura tomas termo e assim,
usurária que tudo pões em uso,
vais demandar amigo que por mim
deve e o perco então por mau abuso.
    Perdi-o a ele, tem-lo a ele e a mim,
    e paga tudo e não sou livre ao fim.

135.

Whoever hath her wish, thou hast thy Will,
And Will to boot, and Will in overplus;
More than enough am I, that vex thee still,
To thy sweet will making addition thus.
Wilt thou, whose will is large and spacious,
Not once vouchsafe to hide my will in thine?
Shall will in others seem right gracious,
And in my will no fair acceptance shine?
The sea, all water, yet receives rain still,
And in abundance addeth to his store;
So thou, being rich in Will, add to thy Will
One will of mine, to make thy large Will more:
   Let no unkind, no fair beseechers kill;
   Think all but one, and me in that one Will.

135.

Onde outras têm desejo, tens ardor,
ardor tens para dar, para vender;
eu também tenho ao ser perturbador
e teu ardor por mim há-de acrescer.
Tu, cujo ardor é largo e espaçoso,
te dignas acolher-me o ardor no teu?
Será o ardor dos outros gracioso
e o meu ardor ninguém o recebeu?
Sendo o mar de água, a chuva o alimenta
e acresce em abundância o seu teor,
e tu, rica em ardor, o ardor aumenta
com ardor meu que alargue o teu ardor.
    A amantes teus, não dês "não" matador;
    pensa-os num só, inclui-me nesse ardor.

136.

If thy soul check thee that I come so near,
Swear to thy blind soul that I was thy Will,
And will, thy soul knows, is admitted there;
Thus far for love my love-suit sweet fulfil.
Will will fulfil the treasure of thy love,
Ay, fill it full with wills, and my will one;
In things of great receipt with ease we prove
Among a number one is reckoned none.
Then in the number let me pass untold,
Though in thy store's account I one must be.
For nothing hold me, so it please thee hold
That nothing, me, a something sweet to thee.
    Make but my name thy love, and love that still;
    And then thou lov'st me, for my name is Will.

136.

Se a alma te reprova eu venha perto,
jura à cega, que o teu ardor eu fosse;
ardor tem, como sabes, sítio certo
e assim me enchas, amor, medida doce.
Ardor enche de ardor e amor teu cofre,
ai, lardeia-o de ardor!, e ardor apronto
e bem prova que em vazadouro sofre:
se o número é grande, eu só não conto.
Então que eu passe em grupo sem ser visto,
sendo um nas contas dessa feitoria;
tem-me em nada, se te agradar registo
de que este nada em ti é doçaria.
    Faz só meu nome teu amor e amor;
    e amas-me então pois eu me chamo Ardor.

137.

Thou blind fool love, what dost thou to mine eyes,
That they behold, and see not what they see?
They know what beauty is, see where it lies,
Yet what the best is, take the worst to be.
If eyes, corrupt by over-partial looks,
Be anchored in the bay where all men ride,
Why of eyes' falsehood hast thou forged hooks,
Whereto the judgement of my heart is tied?
Why should my heart think that a several plot
Which my heart knows the wide world's common
                                                    [place?
Or mine eyes, seeing this, say this is not,
To put fair truth upon so foul a face?
    In things right true my heart and eyes have erred,
    And to this false plague are they now transferred.

137.

Tu, cego e louco amor, o que te dá?
Meus olhos olham e não vêem vendo,
sabem o que é beleza e onde está,
mas o pior pelo melhor vão tendo.
Se ancoram, na baía onde andam todos,
olhos por favor de olhos corrompidos,
porque de falso olhar forjaste engodos
que o coração me prendem e os sentidos?
Pensava o coração ser reservado
o que sabe de todos entreposto?
Deviam-no meus olhos ter negado
e de graça compor tão feio rosto?
   Olhos e coração no certo erraram
   e a esta falsa peste se entregaram.

138.

When my love swears that she is made of truth,
I do believe her, though I know she lies,
That she might think me some untutored youth
Unlearned in the world's false subtleties.
Thus vainly thinking that she thinks me young,
Although she knows my days are past the best,
Simply I credit her false-speaking tongue;
On both sides thus is simple truth suppressed.
But wherefore says she not she is unjust?
And wherefore say not I that I am old?
O love's best habit is in seeming trust,
And age in love loves not t' have years told:
   Therefore I lie with her, and she with me,
   And in our faults by lies we flattered be.

138.

Ao jurar-me ela seu fiel amor,
palavra que acredito e sei que mente;
deve pensar-me um jovem sem tutor,
nos enganos do mundo inexperiente.
Assim, pensando em vão que me crê jovem,
saiba embora já fui melhor do que hoje,
as suas falas falsas me comovem
e a verdade de parte a parte foge.
Mas porque não dirá ser ela injusta?
Porque não digo minha idade avança?
No amor, idade e anos dizer custa
e é costume de amor fingir confiança.
    Deitamo-nos, mentimos, mente, minto.
    Mentir em culpa é-nos lisonja, sinto.

139.

O call not me to justify the wrong
That thy unkindness lays upon my heart;
Wound me not with thine eye, but with thy tongue;
Use power with power, and slay me not by art.
Tell me thou lov'st elsewhere; but in my sight,
Dear heart, forbear to glance thine eye aside.
What need'st thou wound with cunning, when thy
                                        [might
Is more than my o'er-pressed defence can bide?
Let me excuse thee: ah, my love well knows
Her pretty looks have been mine enemies,
And therefore from my face she turns my foes
That they elsewhere might dart their injuries.
    Yet do not so, but since I am near slain,
    Kill me outright with looks, and rid my pain.

139.

Ah, as maldades tuas não resgates
que ao coração me fazes; não me firas
cos olhos, mas coa língua; não me mates
de arte e viés; poder, poder prefiras.
Diz que amas noutra parte, mas de sorte
que não olhes ao lado à minha vista.
Porque feres com manha, se és mais forte
e eu não tenho defesa que resista?
Deixa-me desculpar-te, ah, meu amor
bem sabe!, o olhar dela é-me inimigo
e ela de mim desvia esse infractor
pra dardejar injúrias noutro abrigo.
　　Mata-me, já estou quase, por favor,
　　de vez a olhar-me e livra-me da dor.

140.

Be wise as thou art cruel, do not press
My tongue-tied patience with too much disdain,
Lest sorrow lend me words, and words express
The manner of my pity-wanting pain.
If I might teach thee wit, better it were,
Though not to love, yet love to tell me so,
As testy sick men, when their deaths be near,
No news but health from their physicians know:
For if I should despair, I should grow mad,
And in my madness might speak ill of thee;
Now this ill-wresting world is grown so bad,
Mad slanderers by mad ears believed be.
    That I may not be so, nor thou belied,
    Bear thine eyes straight, though thy proud heart go
                                        [wide.

140.

Sê prudente e cruel, mas teu desdém
não calque a minha paciência muda:
a dor palavras e palavras tem
pedindo que a tais penas pena acuda.
Fora melhor eu ensinar-te a graça,
não de amar, mas de amor que mo dissesse;
fraco doente, quando a morte ameaça,
só saúde do físico apetece.
Pois se desesperasse enlouquecia,
e de ti tresloucava a minha boca
e no mundo às avessas bem podia
orelha louca crer calúnia louca.
    Para não ser mentira, olha a direito,
    mesmo que alargues mais o vasto peito.

141.

In faith, I do not love thee with mine eyes,
For they in thee a thousand errors note;
But 'tis my heart that loves what they despise,
Who in despite of view is pleased to dote.
Nor are mine ears with thy tongue's tune delighted,
Nor tender feeling to base touches prone,
Nor taste, nor smell, desire to be invited
To any sensual feast with thee alone:
But my five wits, nor my five senses, can
Dissuade one foolish heart from serving thee,
Who leaves unswayed the likeness of a man,
Thy proud heart's slave and vassal wretch to be:
    Only my plague thus far I count my gain,
    That she that makes me sin, awards me pain.

141.

À fé que não te amo com meus olhos
que em ti notam mil erros no cotejo;
mas ama o coração esses escolhos,
a adorar-te apesar do que ora vejo.
Nem de ouvi-lo teu tom de voz me prende,
nem terno instinto pede baixo abrigo,
nem gosto ou cheiro o meu desejo acende
de festa sensual a sós contigo.
Mas cinco humores, cinco sentidos tomem,
que ao coração não hão-de desviá-lo
de te servir, descontrolando um homem,
escravo de teu peito e teu vassalo.
    Só o meu mal posso contar por ganho;
    de quem me faz pecar, o mal apanho.

142.

Love is my sin, and thy dear virtue hate,
Hate of my sin, grounded on sinful loving;
O but with mine compare thou thine own state,
And thou shalt find it merits not reproving;
Or if it do, not from those lips of thine,
That have profaned their scarlet ornaments,
And sealed false bonds of love as oft as mine,
Robbed others' beds' revenues of their rents.
Be it lawful I love thee as thou lov'st those
Whom thine eyes woo, as mine importune thee,
Root pity in thy heart, that when it grows,
Thy pity may deserve to pitied be.
   If thou dost seek to have what thou dost hide,
   By self-example mayst thou be denied.

142.

Meu crime é amor, tua virtude é ódio,
ódio a crime de amor pecaminoso;
e comparar co meu teu estado pode-o
mostrar, pois não merece o odioso.
Se sim, em tua boca o não vás pôr,
que profanou vermelhos ornamentos,
me selou falsos títulos de amor
e outras camas roubou dos rendimentos.
Seja lei amar-te eu como amas quem
teu olhar quer, quando importuno em vão,
e cresça a pena no teu peito, bem
pedirá pena um dia compaixão.
    Se buscas ter o que tens escondido,
      por próprio exemplo o possas ter perdido.

143.

Lo, as a careful housewife runs to catch
One of her feathered creatures broke away,
Sets down her babe, and makes all swift dispatch
In pursuit of the thing she would have stay;
Whilst her neglected child holds her in chase,
Cries to catch her whose busy care is bent
To follow that which flies before her face,
Not prizing her poor infant's discontent:
So run'st thou after that which flies from thee,
Whilst I, thy babe, chase thee afar behind.
But if thou catch thy hope, turn back to me,
And play the mother's part, kiss me, be kind:
    So will I pray that thou mayst have thy Will,
    If thou turn back and my loud crying still.

143.

Como dona de casa alvoroçada
atrás de ave da plúmea criação,
pousa o menino e vai toda açodada
e ao bicho quer deter e deitar mão,
e o filho que pousou lhe trava a caça
e chora por retê-la e ela somente
persegue o que na cara lhe esvoaça,
sem atender o infante descontente:
atrás do que te escapa vais depressa,
e eu, teu menino, vou atrás de ti,
mas tendo o que te move, a mim regressa,
faz o papel de mãe, beija, sorri.
   E ardo a rezar por teres teu Ardor,
   se voltas e me acalmas o clamor.

144.

Two loves I have, of comfort and despair,
Which, like two spirits, do suggest me still:
The better angel is a man right fair,
The worser spirit a woman coloured ill.
To win me soon to hell my female evil
Tempteth my better angel from my side,
And would corrupt my saint to be a devil,
Wooing his purity with her foul pride;
And whether that my angel be turned fiend
Suspect I may, yet not directly tell;
But being both from me both to each friend,
I guess one angel in another's hell.
    Yet this shall I ne'er know, but live in doubt,
    Till my bad angel fire my good one out.

144.

Desespero e conforto em dois amores
eu tenho e como espíritos à vez:
o mau espírito é dona de vis cores,
o bom anjo homem é de clara tez.
A arrastar-me ao inferno, o mal-mulher
tenta o bom anjo ao pé de mim postado
e corromper o santo em diabo quer:
puro, é de imundo orgulho cortejado.
Se o meu anjo se fez ora inimigo
suspeito, mas pra já não vou dizendo,
longe de mim, cada um do outro amigo,
estará um no inferno de outro ardendo.
  Enquanto eu viva, a dúvida não cessa
  até que o anjo mau o bom despeça.

145.

Those lips that love's own hand did make
Breathed forth the sound that said 'I hate',
To me, that languished for her sake;
But when she saw my woeful state,
Straight in her heart did mercy come,
Chiding that tongue that, ever sweet,
Was used in giving gentle doom,
And taught it thus anew to greet:
'I hate' she altered with an end
That followed it as gentle day
Doth follow night, who like a fiend
From heaven to hell is flown away.
　　'I hate' from 'hate' away she threw,
　　And saved my life, saying 'not you'.

145.

Lábios que a mão de Amor fazia
sopravam som que disse "odeio"
a mim que dela enlanguescia:
mas vendo em dor o meu enleio,
ao coração deu sem detenças
a compaixão a censurar
tão doce língua nas sentenças
e ensinou-a a saudar:
mudou "odeio" com remate
que o seguiu, qual dia terno
noite maligna arrebate
e a vá lançar do céu no inferno.
   Sem ódio, "odeio" então ouvi
   salvar-me a vida: "não a ti".

146.

Poor soul, the centre of my sinful earth,
Feeding these rebel powers that thee array,
Why dost thou pine within and suffer dearth,
Painting thy outward walls so costly gay?
Why so large cost, having so short a lease,
Dost thou upon thy fading mansion spend?
Shall worms, inheritors of this excess,
Eat up thy charge? Is this thy body's end?
Then soul, live thou upon thy servant's loss,
And let that pine to aggravate thy store;
Buy terms divine in selling hours of dross,
Within be fed, without be rich no more:
    So shalt thou feed on death, that feeds on men,
    And death once dead, there's no more dying then.

146.

Pobre alma, centro em terra de pecado
que sou, forças rebeldes alimentas,
porque em miséria e fome hás definhado
e as paredes de fora em luxo ostentas?
Por tão curto aluguer tão alto preço
despendes em mansão que se degrada?
Os vermes, que herdarão todo esse excesso,
comem o custo? É meta ao corpo dada?
Vive, alma, então das perdas de teu servo,
deixa a fome aumentar os teus haveres,
compra o divino e vende horas sem nervo,
come o imo, sem fora rica seres.
 Assim comes da morte que homens come.
 Morta a morte, não mais morrer consome.

147.

My love is as a fever, longing still
For that which longer nurseth the disease,
Feeding on that which doth preserve the ill,
Th'uncertain sickly appetite to please:
My reason, the physician to my love,
Angry that his prescriptions are not kept,
Hath left me, and I, desperate, now approve
Desire is death, which physic did except.
Past cure I am, now reason is past care,
And frantic mad with ever more unrest;
My thoughts and my discourse as madmen's are,
At random from the truth vainly expressed:
    For I have sworn thee fair, and thought thee bright,
    Who art as black as hell, as dark as night.

147.

O meu amor é febre com saudade
do que há tanto me embala esta doença,
come do que preserva a enfermidade
para a apetite incerto dar avença:
minha razão me é médica no amor,
e em zanga, pois não cumprem a receita,
deixou-me, e em desespero vou supor
morte o desejo, o qual drogas rejeita.
Onde sem cura sou, razão descura,
e em frenesim sempre desassossega,
e a mente e o discurso são loucura,
longe do que a verdade em vão alega.
    Bela e clara a jurar-te assim me afoite,
    preta de inferno, escura como a noite.

148.

O me! What eyes hath love put in my head,
Which have no correspondence with true sight?
Or if they have, where is my judgement fled,
That censures falsely what they see aright?
If that be fair whereon my false eyes dote,
What means the world to say it is not so?
If it be not, then love doth well denote,
Love's eye is not so true as all men's: no,
How can it? O how can love's eye be true,
That is so vexed with watching and with tears?
No marvel then though I mistake my view:
The sun itself sees not, till heaven clears.
    O cunning love, with tears thou keep'st me blind,
    Lest eyes well seeing thy foul faults should find.

148.

Ah, que olhos pôs Amor na minha cara
mas sem correspondência a fiel vista?
Ou se a têm, meu juízo onde é que pára
que em tão falsas censuras inda insista?
Se é belo o que meus olhos falso adoram
que quer dizer o mundo em negação?
E se não é, amor mostra se goram
seus olhos, menos fiéis que os homens: não,
como pode? Como pode, se pranto
e espera o afectam, ser fiel no olhar?
De erros da minha vista não me espanto,
o sol não vê até o céu limpar.
    Manhoso amor, com choros pões-me cego,
    mas vendo bem, a tuas faltas chego.

149.

Canst thou, O cruel, say I love thee not,
When I against myself with thee partake?
Do I not think on thee, when I forgot
Am of myself, all, tyrant, for thy sake?
Who hateth thee, that I do call my friend?
On whom frown'st thou, that I do fawn upon?
Nay, if thou lour'st on me, do I not spend
Revenge upon myself with present moan?
What merit do I in myself respect
That is so proud thy service to despise,
When all my best doth worship thy defect,
Commanded by the motion of thine eyes?
   But, love, hate on; for now I know thy mind:
   Those that can see thou lov'st, and I am blind.

149.

Cruel, não vais dizer que não te quero
quando contra mim mesmo a ti me junto?
Não penso em ti quando esqueci o mero
ser eu, tirana, por amar-te muito?
Amigo chamarei a quem te odeia?
Sou lisonjeiro a gente a quem estranhas?
Não, se te zangas, não tartamudeia
vingança sobre mim coitas tamanhas?
E que mérito em mim é que eu respeito
se se gaba de escárnio a teu serviço?
O mais que sou adora-te em defeito
que os olhos te comandam no seu viço.
    Mas ama odiar, agora já não nego:
    amas quem pode ver e eu sou cego.

150.

O from what power hast thou this powerful might,
With insufficiency my heart to sway,
To make me give the lie to my true sight,
And swear that brightness doth not grace the day?
Whence hast thou this becoming of things ill,
That in the very refuse of thy deeds
There is such strength and warrantise of skill
That in my mind thy worst all best exceeds?
Who taught thee how to make me love thee more,
The more I hear and see just cause of hate?
O, though I love what others do abhor,
With others thou shouldst not abhor my state:
    If thy unworthiness raised love in me,
    More worthy I to be beloved of thee.

150.

De que poder tens força tão temível,
que o coração em falha me desvia,
que me faz dar mentira no visível,
jurar que a luz não favorece o dia?
De onde tens tal fazer, de mal, agrado,
que até o refugo dos teus actos vem
em força e garantia tão dotado
que o teu pior, em mim, é sumo bem?
Quem te ensinou a pôr-me a amar-te mais,
se causa de ódio mais escuto e vejo?
Se eu amo o que detestam outros tais,
não deves detestar-me em tal cotejo.
 Se na baixeza meu amor levantas,
  mais valho de que tu me ames às tantas.

151.

Love is too young to know what conscience is:
Yet who knows not conscience is born of love?
Then, gentle cheater, urge not my amiss,
Lest guilty of my faults thy sweet self prove;
For, thou betraying me, I do betray
My nobler part to my gross body's treason;
My soul doth tell my body that he may
Triumph in love; flesh stays no further reason,
But rising at thy name doth point out thee
As his triumphant prize, proud of this pride:
He is contented thy poor drudge to be,
To stand in thy affairs, fall by thy side.
   No want of conscience hold it that I call
   Her 'love', for whose dear love I rise and fall.

151.

Jovem, o amor a consciência ignora,
mas quem não sabe que é de amor gerada?
Não me culpes gentil enganadora,
teme em meus erros ter culpa formada.
Porque se me atraiçoas, atraiçoo
o que é mais nobre em vil carnal traição;
A alma acena ao corpo com o voo
do triunfo no amor; e a carne não
quer mais razões e se alça triunfal
a teu nome e te aponta orgulho grado:
basta-lhe ser-te pobre serviçal,
erecta em teus afãs, queda a teu lado.
    Nem falho de consciência me retraio,
    chamo-lhe "amor" e fico em pé e caio.

152.

In loving thee thou knowst I am forsworn;
But thou art twice forsworn to me love swearing,
In act thy bed-vow broke and new faith torn,
In vowing new hate after new love bearing.
But why of two oaths' breach do I accuse thee,
When I break twenty? I am perjured most,
For all my vows are oaths but to misuse thee,
And all my honest faith in thee is lost:
For I have sworn deep oaths of thy deep kindness,
Oaths of thy love, thy truth, thy constancy,
And to enlighten thee gave eyes to blindness,
Or made them swear against the thing they see:
    For I have sworn thee fair: more perjured eye,
    To swear against the truth so foul a lie.

152.

Sabes que sou perjuro a amar-te e é
duplo perjúrio o teu se amor me juras;
quebrou-te a cama o voto e a nova fé,
com ódio novo após mais aventuras.
De quebra em duas juras pois te acuso,
se eu quebro vinte? Mais perjuro sou,
que os meus votos são jura em que te abuso
e a fé honesta em ti se evaporou.
Fundas juras jurei do teu bom fundo,
juras que o teu amor fiel faziam,
dando olhos à cegueira em luz te inundo
ou só os fiz jurar contra o que viam.
 Porque te jurei bela e mais perjuro,
 se juro sem verdade e minto impuro.

153.

Cupid laid by his brand, and fell asleep;
A maid of Dian's this advantage found,
And his love-kindling fire did quickly steep
In a cold valley-fountain of that ground,
Which borrowed from this holy fire of love
A dateless lively heat still to endure,
And grew a seething bath, which yet men prove
Against strange maladies a sovereign cure:
But at my mistress' eye love's brand new fired,
The boy for trial needs would touch my breast;
I, sick withal, the help of bath desired,
And thither hied, a sad distempered guest,
    But found no cure; the bath for my help lies
    Where Cupid got new fire: my mistress' eye.

153.

Pousou Cupido a tocha e adormeceu.
Viu ninfa de Diana essa vantagem
e a mecha de amor dele ágil meteu
na fonte que há no vale da friagem,
que do sagrado fogo de amor tira
vivo calor sem data e sem igual
e faz banho a ferver de que se vira
ser soberana cura a estranho mal.
Luz o tição no olho à minha amante
e o rapaz em meu peito o prova em riste;
tocado, eu quero o banho num instante,
tal qual um rabugento hóspede triste.
    Mas não há cura, o banho a mim prestante
    Cupido acende: olhos da minha amante.

154.

The little love-god lying once asleep,
Laid by his side his heart-inflaming brand,
Whilst many nymphs, that vowed chaste life to keep,
Came tripping by; but in her maiden hand
The fairest votary took up that fire
Which many legions of true hearts had warmed;
And so the general of hot desire
Was, sleeping, by a virgin hand disarmed.
This brand she quenched in a cool well by,
Which from love's fire took heat perpetual,
Growing a bath and healthful remedy
For men diseased; but I, my mistress' thrall,
    Came there for cure, and this by that I prove:
    Love's fire heats water, water cools not love.

154.

O jovem deus do Amor dormia ao lado
da tocha de pôr fogo ao coração;
Ninfas de casta vida em voto dado
vinham em pontas, mas a pura mão
da mais bela noviça agarrou chama
que hostes de corações tinha aquecido
e ao general desejo a arder, na cama,
mão virginal desarma adormecido.
Tição que ela sacia em poço frio
toma ao fogo de amor calor constante
e ao banho vem, remédio que é sadio
a enfermos, mas servindo a minha amante,
vim por cura: de amor o fogo aquece
a água e a água amor não arrefece.

Notas aos Sonetos

Soneto 1

A ideia de *increase* (reprodução, procriação, proliferação) reportava-se geralmente, quer à natureza, quer à sociedade, quer ao indivíduo, e foi de grande importância para a mentalidade de um mundo em expansão. «Se a natureza fornecia ilustrações de uma ordem ideal, da própria essência da natureza era ser *naturans*, engendrando nova vida» (J. W. Lever).

Soneto 11

v. 8: Shakespeare usa a expressão *threescore year*, isto é, sessenta anos.

Soneto 12

vs. 7-8: os fardos da colheita são identificados com o corpo de um velho a ser transportado para a cova.

Soneto 19

Cfr. Ovídio, *Metamorfoses* (XV 234-236):

Devorador das coisas, Tempo, e tu
invejosa velhice, as coisas todas
destruís, triturais com vossos dentes,
e aos poucos consumis em morte lenta!
Nado na luz, sem forças jaz o infante:
e sobre os quatro membros, como os bichos,
começa de arrastar-se; aos poucos, trémulo,
sem firmeza nas pernas, se ergue, ajuda-o
algum esforço. E rápido depois

e forte ele se torna pelo espaço
da juventude; até que após viver
a sua meia-idade, ele desliza
no declive da velhice.

Soneto 23

v. 9: a leitura *books* está hoje definitivamente arredada em favor de *looks*.

Soneto 25

vs. 9-12: para Katherine Duncan-Jones, poderia haver aqui uma alusão ao conde de Essex, vencedor na Irlanda, ou ao conde de Southampton, preso e privado das honras por ter tomado parte na rebelião de Essex em 1601.

Soneto 36

O dístico final deste soneto é idêntico ao do soneto 96.

Soneto 57

O duplo sentido da palavra Will no dístico final (vontade e referência ao nome do autor) foi resolvido pela expressão «quer no teu Will».

Soneto 60

Cfr. Ovídio, *Metamorfoses* (XV, 181-185):

Mas como onda impelida pela onda
e esta, acossada, a precedente acossa,
tais fogem os instantes, perseguindo-se,
e sempre novos são; o que antes era
fica pra trás, o que não era surge,
e assim cada momento se renova.

Soneto 64

Cfr. nota supra ao Soneto 19 e ainda Horácio, *Odes*, III, 30:

Ergui um monumento mais perene
do que o bronze, mais alto que vetustas
      pirâmides reais,
que nem chuva voraz, nem vento irado

poderão destruir, nem toda a série
　　dos anos, nem a fuga
dos tempos. E não morrerei de todo
(...)
e jovem crescerei pelo louvor
　　da posteridade (...)

e também Ovídio, *Metamorfoses* (XV, 262-263):

Vi a terra mais firme água tornar-se
e da água do mar surgirem terras.

Soneto 66
Cfr. *Hamlet*, III, 1, 56-88.

Soneto 77
As folhas vazias referidas neste soneto são as do livro de notas a que o soneto 122 também faz referência.

Soneto 80
A propósito deste soneto e das suas metáforas marítimas, K. Duncan-Jones chama a atenção para o contraste entre os barcos pequenos usados pelos Ingleses e os pesados galeões da Invencível Armada.

Soneto 96
Os dois últimos versos são idênticos aos do soneto 36.

Soneto 99
Este é o único soneto com 15 versos em toda a série.

Soneto 107
Parece aludir-se à morte de Isabel I e à acessão de Jaime I (1603), segundo K. Duncan-Jones. Para J. W. Lever, «uma coisa é clara, o soneto não é um comentário sobre notícias, fossem estas a derrota da Armada, a sobrevivência da rainha ao seu grande climactérico, ou a acessão de Jaime I. No contexto deste grupo, ele comemora um momento de tranquilidade quando todas as contradições da vida estão suspensas no fulgor nocturno da vitória do Amor sobre o Tempo».

Soneto 111

v. 4: *meios públicos*, métodos públicos ou dinheiro público, como os pagos pelos frequentadores dos teatros públicos; *públicas maneiras*, comportamentos adequados à vida em público (K. Duncan-Jones).

Soneto 122

A prenda referida, *thy tables*, tanto poderia ser uma pequena prancha para escrever, como um livro de notas ou apontamentos, sendo geralmente interpretada neste último sentido. Cfr. o Soneto 77.

Soneto 123

v. 2: Os obeliscos erigidos para a entrada de Jaime I em Londres eram descritos como pirâmides. Mas há também quem veja nelas uma referência aos obeliscos erguidos em Roma por Sisto V (1585-1590). Cf. todavia a ode de Horácio citada em nota ao Soneto 64, *Exegi monumentum aere perennius*.

Soneto 124

Stephen Booth e K. Duncan-Jones interpretam «a child of state» como «produto das circunstâncias». Mas ambos coincidem em dar à expressão «unfathered» do verso seguinte o sentido de não ter estatuto nem direito de herdar à face da lei e ainda o de ser rejeitado. Daí que o termo «exposto» que utilizei, e que tem um sentido muito próprio na tradição social portuguesa, me tenha parecido de aceitar.

O dístico final parece referir-se aos que foram considerados mártires na altura da morte, mas malfeitores durante a vida (K. Duncan-Jones, que também informa ter esta passagem sido lida como referindo-se a católicos executados por causa da sua fé, podendo inclusivamente referir-se à «conspiração da pólvora» de 1605, cujos responsáveis foram julgados e executados em 1606; ou ainda a Maria Stuart, ou ao conde de Essex).

Soneto 125

vs. 7-8: poder-se-á estar ante uma alusão a Essex, recompensado em 1590 com a taxa sobre a importação de vinhos doces, de que veio a ser privado em 1600, depois de ter retirado sem licença da Irlanda. Essex foi executado em 1601 depois da sua rebelião abortada.

v. 13: *bufo comprado* refere-se provavelmente a Tempo.

Soneto 126

Único soneto de 12 versos do ciclo, em seis rimas emparelhadas.

Soneto 127

Primeiro dos sonetos dedicados à «Dark Lady».

Soneto 130

Como já fiz na 2.ª edição de *50 sonetos de Shakespeare*, não resisto a arquivar aqui o soneto VI das *Rimas várias, Flores do Lima* (1597), de Diogo Bernardes, cujo cotejo com este soneto de Shakespeare é elucidativo da maneira como, mais ou menos na mesma época, o poeta inglês destrói os lugares-comuns da representação idealizada da mulher:

Da branca neve, e da vermelha rosa
O ceo de tal maneira derramou
No vosso rosto as cores, que deixou
A rosa da manhã mais vergonhosa.

Os cabelos (d'Amor prisão formosa)
Não d'ouro, que ouro fino desprezou,
Mas dos raios do sol vo-los dourou,
Do que Cíntia também anda envejosa.

Um resplandor ardente, mas suave
Está nos vossos olhos derramando
Qu'o claro deixa escuro, o escuro aclara,

A doce fala, o riso doce, e grave
Entre rubis, e perlas lampejando
Não tem comparação por cousa rara.

Soneto 132

De notar o jogo de palavras entre *morning* (manhã) e *mourning* (estar de luto).

Soneto 135

Na série dos *Will sonnets*, o termo *Will*, além de abreviatura de William (Shakespeare), tem também o significado de desejo sexual e de órgão sexual. Na tradução utilizei o termo «ardor».

Soneto 145

Único soneto da série em octossílabos. Pensa-se que se tratará de obra da juventude, possivelmente com respeito a Anne Hathaway.

Sonetos 153-154

Os dois sonetos inspiram-se num epigrama de Mariano Escolástico (séc. VI d. C.) incluído na *Antologia Grega*, para cuja versão utilizo a tradução literal de Emily Wilson (1996) fornecida por K. Duncan-Jones:

Junto ao bosque dormia Amor exausto.
Às Ninfas dera a tocha e entre si
elas perguntam «de que estamos à espera?
Vamos pegar na tocha e saciar
o fogo nos corações humanos». Mas
a tocha pegou fogo mesmo à água,
e as Ninfas do Amor fizeram banho
sempre com água quente desde então.

Índice

Apresentação 7

1. From fairest creatures we desire increase 12
   Quer-se prole às mais belas criaturas 13

2. When forty winters shall besiege thy brow 14
   Quando quarenta invernos ao assalto 15

3. Look in thy glass, and tell the face thou viewest 16
   Vê-te ao espelho e à face que vês provas 17

4. Unthrifty loveliness, why dost thou spend 18
   Ó estouvada graça, gastas mal 19

5. Those hours that with gentle work did frame 20
   As horas que emolduram, com um brando 21

6. Then let not winter's ragged hand deface 22
   Não deixes pois que a mão do inverno duro 23

7. Lo, in the Orient when the gracious light 24
   No Oriente, ao ver-se a delicada 25

8. Music to hear, why hear'st thou music sadly? 26
   És música e a música ouves triste? 27

329

9. Is it for fear to wet a widow's eye 28
   Temes um choro de viúva e a fundo.................................. 29

10. For shame deny that thou bear'st love to any 30
    Tem pejo de negar que a ninguém amas 31

11. As fast as thou shalt wane, so fast thou grow'st 32
    Tão cedo a fenecer, tão cedo cresças 33

12. When I do count the clock that tells the time 34
    Se do relógio conto as badaladas 35

13. O that you were yourself! But, love, you are 36
    Oh, se fosses tu mesmo! Mas assim 37

14. Not from the stars do I my judgement pluck 38
    Meu juízo dos astros não declina 39

15. When I consider everything that grows 40
    Quando penso que tudo quanto cresce 41

16. But wherefore do not you a mightier way 42
    Mas porque não pões guerra mais potente 43

17. Who will believe my verse in time to come 44
    Quem há-de crer meu verso no futuro 45

18. Shall I compare thee to a summer's day? 46
    Que és um dia de verão não sei se diga 47

19. Devouring time, blunt thou the lion's paws 48
    Tempo voraz, ao leão as garras gasta 49

20. A woman's face with nature's own hand painted 50
    Feminil face que pintou Natura 51

21. So is it not with me as with that Muse 52
Não sou como o que canta aquela musa 53

22. My glass shall not persuade me I am old 54
Não diga o meu espelho que envelheço 55

23. As an unperfect actor on the stage 56
Como imperfeito actor sobre o proscénio 57

24. Mine eye hath played the painter, and hath steeled 58
Meu olhar foi pintor e a formosura 59

25. Let those who are in favour with their stars 60
Deixa os que têm favor lá das estrelas 61

26. Lord of my love, to whom in vassalage 62
Senhor do meu amor, por vassalagem 63

27. Weary with toil, I haste me to my bed 64
Exausto da jornada, corro à cama 65

28. How can I then return in happy plight 66
Posso voltar a leda condição 67

29. When in disgrace with fortune and men's eyes 68
De mal com os humanos e a Fortuna 69

30. When to the sessions of sweet silent thought 70
Quando em meu mudo e doce pensamento 71

31. Thy bosom is endeared with all hearts 72
Enriquecem teu peito os corações 73

32. If thou survive my well-contented day 74
Se ao meu dia de paz sobreviveres 75

33. Full many a glorious morning have I seen 76
Muita manhã de glória vi: tocados 77

34. Why didst thou promise such a beauteous day 78
Porque prometes tal beleza ao dia 79

35. No more be grieved at that which thou hast done 80
Do que fizeste a dor não te possua 81

36. Let me confess that we two must be twain 82
Confesso sermos dois e há que apartar-nos 83

37. As a decrepit father takes delight 84
Como um pai que envelhece e se compraz 85

38. How can my Muse want subject to invent 86
Como quero que a Musa assunto invente 87

39. O how thy worth with manners may I sing 88
Como hei-de cantar bem o teu valor 89

40. Take all my loves, my love; yea, take them all 90
Sim, toma os meus amores, meu amor 91

41. Those pretty wrongs that liberty commits 92
Brandas maldades liberdade faz 93

42. That thou hast her it is not all my grief 94
Que a tenhas tido não lamento, posto 95

43. When most I wink, then do mine eyes best see 96
Meus olhos vêem melhor se os vou fechando 97

44. If the dull substance of my flesh were thought 98
Fosse-me a carne opaca pensamento 99

332

45. The other two, slight air, and purging fire 100
    Os outros dois, ar leve e puro fogo 101

46. Mine eye and heart are at a mortal war 102
    A repartir-te a vista em seu quinhão 103

47. Betwixt mine eye and heart a league is took 104
    Meu olho e o coração ligam-se a par 105

48. How careful was I, when I took my way 106
    Quantos cuidados tive ao pôr guardadas 107

49. Against that time, if ever that time come 108
    Contra esse tempo (se vier um dia) 109

50. How heavy do I journey on the way 110
    Que pesada fadiga esta em que vim 111

51. Thus can my love excuse the slow offence 112
    Perdoe amor a ofensa da ronceira 113

52. So am I as the rich, whose blessed key 114
    Sou como o rico cuja feliz chave 115

53. What is your substance, whereof are you made 116
    Qual é a substância de que és feito 117

54. O how much more doth beauty beauteous seem 118
    Oh, quão mais belo o belo resplandece 119

55. Not marble, nor the gilded monuments 120
    Nem mármor', nem doirado monumento 121

56. Sweet love, renew thy force; be it not said 122
    Renova a força, amor, e não se diga 123

57. Being your slave, what should I do but tend 124
Sendo-te escravo, que farei senão 125

58. That god forbid, that made me first your slave 126
Proíbe o deus que a ti me escravizou 127

59. If there be nothing new, but that which is 128
Se nada há de novo e quanto existe 129

60. Like as the waves make towards the pebbled shore 130
Como na praia as ondas incessantes 131

61. Is it thy will thy image should keep open 132
Queres que o teu vulto me mantenha abertas 133

62. Sin of self-love possesseth all mine eye 134
Crime de amor de mim o olhar me inquina 135

63. Against my love shall be as I am now 136
O meu amor terá, qual tenho agora 137

64. When I have seen by time's fell hand defaced 138
De ver que a mão cruel do Tempo apaga 139

65. Since brass, nor stone, nor earth, nor boundless sea 140
Se ao bronze, à pedra, à terra, ao mar sem fim 141

66. Tired with all these for restful death I cry 142
À morte peço a paz farto de tudo 143

67. Ah, wherefore with infection should he live 144
Pois ele havia de viver infecto 145

68. Thus is his cheek the map of days outworn 146
Seu rosto é mapa de outros dias, quando 147

69. Those parts of thee that the world's eye doth view 148
Essas partes de ti que o mundo há lido 149

70. That thou art blamed shall not be thy defect 150
Censura a ti não seja teu defeito 151

71. No longer mourn for me when I am dead 152
Não chores mais por mim quando eu morrer 153

72. O, lest the world should task you to recite 154
Ah, a menos que o mundo contas peça 155

73. That time of year thou mayst in me behold 156
Em mim vês a estação em que se inclina 157

74. But be contented when that fell arrest 158
Mas fiques bem quando o cruel aresto 159

75. So are you to my thoughts as food to life 160
De meu pensar és vida e alimento 161

76. Why is my verse so barren of new pride 162
Porque é de novo orgulho despojado 163

77. Thy glass will show thee how thy beauties wear 164
Espelho diz-te que a beleza cessa 165

78. So oft have I invoked thee for my Muse 166
Já tanto te invoquei por minha Musa 167

79. Whilst I alone did call upon thy aid 168
Quando só eu pedia a tua ajuda 169

80. O how I faint when I of you do write 170
Eis que de ti escrevo e desfaleço 171

335

81. Or I shall live, your epitaph to make 172
Ou pra fazer-te o epitáfio vivo 173

82. I grant thou wert not married to my Muse 174
Sei que não desposaste a minha Musa 175

83. I never saw that you did painting need 176
Nunca vi precisasses de pintura 177

84. Who is it that says most? Which can say more 178
Quem é que diz o mais e que mais pode 179

85. My tongue-tied Muse in manners holds her still 180
De língua atada minha Musa cala 181

86. Was it the proud full sail of his great verse 182
É nele a vela inchada do estro ao vento 183

87. Farewell, thou art too dear for my possessing 184
Adeus! caro de mais te possuía 185

88. When thou shalt be disposed to set me light 186
Se me dás ao descaso, de maneira 187

89. Say that thou didst forsake me for some fault 188
Diz que é por erros meus que tu me deixas 189

90. Then hate me when thou wilt, if ever, now 190
Se tens de me odiar, que seja agora 191

91. Some glory in their birth, some in their skill 192
A uns dá glória o berço, a uns talento 193

92. But do thy worst to steal thyself away 194
Mas faças o pior para furtar-te 195

93. So shall I live, supposing thou art true 196
Assim vivo, a supor que me és fiel 197

94. They that have power to hurt, and will do none 198
Eles que podem magoar, mas não 199

95. How sweet and lovely dost thou make the shame 200
Quão doce e terno tornas o pudor 201

96. Some say thy fault is youth, some wantonness 202
Uns dizem que é teu mal: lascivo e jovem 203

97. How like a winter hath my absence been 204
Foi como inverno a ausência que passei 205

98. From you have I been absent in the spring 206
Ausentei-me de ti na primavera 207

99. The forward violet thus did I chide 208
Assim ralho à violeta em seu primor 209

100. Where art thou, Muse, that thou forget'st so long 210
Onde páras ó Musa, há tanto esqueces 211

101. O truant Muse, what shall be thy amends 212
Musa viloa, acaso inda te emendem? 213

102. My love is strengthened, though more weak in seeming ... 214
Tendo ar mais frouxo é meu amor mais forte 215

103. Alack, what poverty my Muse brings forth 213
Ah, que pobreza a Musa dá à luz 217

104. To me, fair friend, you never can be old 218
Para mim nunca és velho, amigo terno 219

337

105. Let not my love be called idolatry 220
Não chamem meu amor idolatria 221

106. When in the chronicle of wasted time 222
Quando vejo na crónica de antanho 223

107. Not mine own fears, nor the prophetic soul 224
Nem os meus medos, nem a sibilina 225

108. What's in the brain that ink may character 226
Que há no cérebro a dar em tinta escrito 227

109. O never say that I was false of heart 228
Nunca me digas falso o coração 229

110. Alas, 'tis true, I have gone here and there 230
Ai, é verdade! andei aqui e ali 231

111. O, for my sake do you with Fortune chide 232
Por mim culpa a Fortuna: à deusa assentam 233

112. Your love and pity doth th'impression fill 234
De ti, amor e pena me atenuam 235

113. Since I left you, mine eye is in my mind 236
Desde que te deixei, à alma entrego 237

114. Or whether doth my mind, being crowned with you 238
Ou se, por ti me sendo a alma coroada 239

115. Those lines that I before have writ do lie 240
Mentem as linhas que antes escrevi 241

116. Let me not to the marriage of true minds 242
Não haja impedimentos à união 243

117. Accuse me thus: that I have scanted all 244
     Acusa-me de descuidar-me em tudo 245

118. Like as, to make our appetites more keen 246
     Como a aguçar-nos mais o apetite 247

119. What potions have I drunk of siren tears 248
     Ah, que poções do choro das Sereias 249

120. That you were once unkind befriends me now 250
     Que já me magoaste me sossega 251

121. 'Tis better to be vile than vile esteemed 252
     Mais val' ser vil do que por vil havido 253

122. Thy gift, thy tables, are within my brain 254
     A tua prenda, trago-a na cabeça 255

123. No! Time, thou shalt not boast that I do change 256
     Não, Tempo, não te gabes de que eu mudo 257

124. If my dear love were but the child of state 258
     Se o meu querido amor fosse um exposto 259

125. Were't ought to me I bore the canopy 260
     De que me val' ter pálios capazes 261

126. O thou my lovely Boy, who in thy power 262
     Gentil Rapaz, que tens em teu poder 263

127. In the old age black was not counted fair 264
     Não era outrora o negro lisongeiro 265

128. How oft when thou, my music, music play'st 266
     Música minha, a música tocando 267

129. Th'expense of spirit in a waste of shame 268
Espírito gastar, perder vergonha 269

130. My mistress' eyes are nothing like the sun 270
Minha amante nos olhos sol não tem 271

131. Thou art as tyrannous, so as thou art 272
Na tua tirania és como são 273

132. Thine eyes I love, and they, as pitying me 274
Amo os teus olhos se se compadecem 275

133. Beshrew that heart that makes my heart to groan 276
Mal haja o coração que o coração 277

134. So now I have confessed that he is thine 278
Confesso pois agora que ele é teu 279

135. Whoever hath her wish, thou hast thy Will 280
Onde outras têm desejo, tens ardor 281

136. If thy soul check thee that I come so near 282
Se a alma te reprova eu venha perto 283

137. Thou blind fool love, what dost thou to mine eyes 284
Tu, cego e louco amor, o que te dá? 285

138. When my love swears that she is made of truth 286
Ao jurar-me ela seu fiel amor 287

139. O call not me to justify the wrong 288
Ah, as maldades tuas não resgates 289

140. Be wise as thou art cruel, do not press 290
Sê prudente e cruel, mas teu desdém 291

141. In faith, I do not love thee with mine eyes 292
     À fé que não te amo com meus olhos 293

142. Love is my sin, and thy dear virtue hate 294
     Meu crime é amor, tua virtude é ódio 295

143. Lo, as a careful housewife runs to catch 296
     Como dona de casa alvoroçada 297

144. Two loves I have, of comfort and despair 298
     Desespero e conforto em dois amores 299

145. Those lips that love's own hand did make 300
     Lábios que a mão de Amor fazia 301

146. Poor soul, the centre of my sinful earth 302
     Pobre alma, centro em terra de pecado 303

147. My love is as a fever, longing still 304
     O meu amor é febre com saudade 305

148. O me! What eyes hath love put in my head 306
     Ah, que olhos pôs Amor na minha cara 307

149. Canst thou, O cruel, say I love thee not 308
     Cruel, não vais dizer que não te quero 309

150. O from what power hast thou this powerful might 310
     De que poder tens força tão temível 311

151. Love is too young to know what conscience is 312
     Jovem, o amor a consciência ignora 313

152. In loving thee thou knowst I am forsworn 314
     Sabes que sou perjuro a amar-te e é 315

341

153. Cupid laid by his brand, and fell asleep 316
Pousou Cupido a tocha e adormeceu 317

154. The little love-god lying once asleep 318
O jovem deus do Amor dormia ao lado 319

Notas aos sonetos 321

GRANDES CLÁSSICOS EM EDIÇÕES BILÍNGUES

1984
GEORGE ORWELL
A ABADIA DE NORTHANGER
JANE AUSTEN
A CASA DAS ROMÃS
OSCAR WILDE
A CONFISSÃO DE LÚCIO
MÁRIO DE SÁ-CARNEIRO
A DIVINA COMÉDIA
DANTE ALIGHIERI
A GUERRA DOS MUNDOS
H. G. WELLS
A MORADORA DE WILDFELL HALL
ANNE BRONTË
A VOLTA DO PARAFUSO
HENRY JAMES
AS CRÔNICAS DO BRASIL
RUDYARD KIPLING
AS FLORES DO MAL
CHARLES BAUDELAIRE
AO FAROL: TO THE LIGHTHOUSE
VIRGINIA WOOLF
AO REDOR DA LUA: AUTOUR DE LA LUNE
JULES VERNE
ARSÈNE LUPIN: CAVALHEIRO E LADRÃO
MAURICE LEBLANC
BEL-AMI
GUY DE MAUPASSANT
CONTOS COMPLETOS
OSCAR WILDE
CONTOS DO ESPAÇO E DO TEMPO
H. G. WELLS
DA TERRA À LUA : DE LA TERRE À LA LUNE
JULES VERNE
DOM CASMURRO
MACHADO DE ASSIS
DRÁCULA
BRAM STOKER
EMMA
JANE AUSTEN
FRANKENSTEIN, OU O MODERNO PROMETEU
MARY SHELLEY
GRANDES ESPERANÇAS
CHARLES DICKENS
A TRAGÉDIA DE HAMLET, PRÍNCIPE DA DINAMARCA
WILLIAM SHAKESPEARE
JANE AUSTEN: ESSENCIAL
JANE AUSTEN
JANE EYRE
CHARLOTTE BRONTË
LADY SUSAN
JANE AUSTEN
MANSFIELD PARK
JANE AUSTEN
MEDITAÇÕES
JOHN DONNE
MEMÓRIAS PÓSTUMAS DE BRÁS CUBAS
MACHADO DE ASSIS
MOBY DICK
HERMAN MELVILLE
NORTE E SUL
ELIZABETH GASKELL
NÓS
IÊVGUENI ZAMIÁTIN
O AGENTE SECRETO
JOSEPH CONRAD
O CORAÇÃO DAS TREVAS
JOSEPH CONRAD

O CRIME DE LORDE ARTHUR
SAVILE E OUTRAS HISTÓRIAS
OSCAR WILDE
O MARAVILHOSO MÁGICO DE OZ
L. FRANK BAUM
O ESTRANHO CASO DO DOUTOR JEKYLL E
DO SENHOR HYDE
ROBERT LOUIS STEVENSON
O FANTASMA DE CANTERVILLE
OSCAR WILDE
O FANTASMA DA ÓPERA
GASTON LEROUX
O GRANDE GATSBY
F. SCOTT FITZGERALD
O HOMEM QUE FALAVA JAVANÊS E OUTROS
CONTOS SELECIONADOS
LIMA BARRETO
O HOMEM QUE QUERIA SER REI E
OUTROS CONTOS SELECIONADOS
RUDYARD KIPLING
O MORRO DOS VENTOS UIVANTES
EMILY BRONTË
O PRÍNCIPE FELIZ E OUTRAS HISTÓRIAS
OSCAR WILDE
O RETRATO DE DORIAN GRAY
OSCAR WILDE
O RETRATO DO SENHOR W. H.
OSCAR WILDE
O RIQUIXÁ FANTASMA E OUTROS
CONTOS MISTERIOSOS
RUDYARD KIPLING
O ÚLTIMO HOMEM
MARY SHELLEY
OS LUSÍADAS
LUÍS DE CAMÕES
OS MAIAS
EÇA DE QUEIRÓS
OS TRINTA E NOVE DEGRAUS
JOHN BUCHAN
OBRAS INACABADAS
JANE AUSTEN
ORGULHO E PRECONCEITO
JANE AUSTEN
ORLANDO
VIRGINIA WOOLF
PERSUASÃO
JANE AUSTEN
RAZÃO E SENSIBILIDADE
JANE AUSTEN
SALOMÉ
OSCAR WILDE
SOB OS CEDROS DO HIMALAIA
RUDYARD KIPLING
SONETOS
LUÍS DE CAMÕES
SONETOS COMPLETOS
WILLIAM SHAKESPEARE
TEATRO COMPLETO - VOLUME I
OSCAR WILDE
TEATRO COMPLETO - VOLUME II
OSCAR WILDE
UM CÂNTICO DE NATAL
CHARLES DICKENS
UMA DEFESA DA POESIA E OUTROS ENSAIOS
PERCY SHELLEY
WEE WILLIE WINKLE E OUTRAS HISTÓRIAS
PARA CRIANÇAS
RUDYARD KIPLING